COLLECTION FEUARDENT

JETONS ET MÉREAUX

DEPUIS LOUIS IX JUSQU'A LA FIN DU CONSULAT DE BONAPARTE

SECONDE PARTIE

PROVINCES ET VILLES

Collection FEUARDENT

Vente après décès par suite d'acceptation bénéficiaire

JETONS ET MÉREAUX

DEPUIS LOUIS IX JUSQU'A LA FIN DU CONSULAT DE BONAPARTE

SECONDE PARTIE

PROVINCES ET VILLES

VENTE AUX ENCHÈRES PUBLIQUES

A PARIS, HOTEL DES COMMISSAIRES-PRISEURS, RUE DROUOT, 9

SALLE N° 10

Du Lundi 3 Juin au Jeudi 6 Juin 1929

A DEUX HEURES PRÉCISES

COMMISSAIRES-PRISEURS :

Me André DESVOUGES — *26, Rue de la Grange-Batelière*

Me Maurice CARPENTIER — *14, Rue de la Grange-Batelière*

EXPERT :

M. Etienne BOURGEY

7, Rue Drouot, 7

PARIS

Exposition particulière :

Du 27 au 31 Mai 1929, chez M. Etienne Bourgey, expert, 7, rue Drouot (Téléphone : Provence 88-67).

La vente aura lieu au comptant.

Les acquéreurs paieront 19,50 pour cent en sus des enchères.

L'authenticité des pièces est garantie.

M. Etienne Bourgey, 7, rue Drouot, se charge d'exécuter les commissions qui lui seront confiées.

L'ordre du catalogue sera suivi. L'expert se réserve le droit de diviser ou réunir les lots.

II. PROVINCES ET VILLES

Normandie

1180 **Normandie.** (*Duché de*) Getouers de la Chambre aux deniers. Ville de Rouen. (6081, 82, 83, 83 a). C. 4 p.

1181 *Gouverneurs.* Anne de Joyeuse, amiral de France, 1585 (6085). Arg. TB. Rare.

1182 Ch. Fr. Frédéric de Montmorency-Luxembourg (6091, 94 à 96, 98). Arg. 5 p. TB.

1183 Anne de Joyeuse; Louis de Lavalette; Ch. F. F. de Luxembourg. (6084, 86 à 90, 92, 93, 97). C. 9 p.

1184 *Parlement.* Louis de Faucon de Ris, président (6099, 6101). Arg. et C. 2 p. variées. B. et TB.

1185 Président Pellot, 1671. Ses armes. ℟. Armes de Rouen (6103). Arg. B. Rare.

1186 Camus de Pontcarre (6105). C. *Procureurs au Parlement*, 1789 (6109, 10). Arg. et C. — Ens. 3 p. B. et TB.

1187 *Avocats au Parlement.* Louis XV, 1723, 26; Louis XVI, 1776. (6113 à 20, 20 b). Arg. 9 p. B. et TB.

1188 *Académie.* Louis XV; Louis XVI; bustes de Corneille, Fontenelle, Poussin (6121 à 22 a). *Société d'émulation*, 1800 (6269). Arg. 4 p. TB.

1189 *Intendants.* Nicolas-Etienne Roujault; Louis Thiroux de Crosne, 1768; P. Ch. Laurent de Villedeuil, 1787. (6122 b à 25). C. 4 p. B. et TB.

1190 *Receveurs.* Justice assise, 1657. Arg. 1660. C. (6128, 29). 2 p. B.

1191 *Chambre des comptes.* 1583 (6133, 35). Arg. 2 p. variées. B.

1192 1543, 1581, 1583, 1596, 1601, 1603 et s. d. G. le Fieu, 1581. (6130 à 32, 34, 36 à 39). *Domaines*, 1655 (6141). *Affranchis*, 1657 (6142). C. 10 p.

1193 **Rouen.** *La Ville.* AVE MARIA etc. Agnel dans une rosace; dessous, RO EN (6143). C. TB. Rare.

1194 Types divers. 1374 (?), 1541, 50, 53, 61, 64, 69 à 74, 76, 78, 81, 84, 99, 1602 (6144 à 64). Arg. 1 p. C. 20 p.

1195 Le roi relevant la Normandie, 1608. Louis XIII à cheval, 1611. Soleil éclairant un sceptre, 1614. Pyramide, 1617. Chêne, 1620. Prières pour la paix, 1644. Le roi debout, 1656. (6165, 67, 69, 70, 73, 76, 80). Arg. 7 p. AB. et TB.

1196 Vue du pont de bateaux et du port. ℟. Le roi dans un bige de lions, 1677 (6183, 84). Arg. et C. 2 p. TB.

1197 VNVM OMNIA CONTRA. Sept flèches dirigées vers l'écu de France. 1693. ℟. CONTRA OMNIA VNVM. Flèche atteignant les 7 écus des puissances coalisées (6277). Arg. TB. Rare.

1198 Louis XIV, s. d., 1681. Conseil des 24, 1684. Minerve, 1687. L'Agneau, 1693. Louis XIV, s. d., 1699, 1707. (6185 à 87, 93, 96, 98, 99, 6201). Arg. 8 p. B. et TB.

1199 Louis XV, s. d. (6203 à 9, 6211 à 15). Louis XVI, s. d. (6216). Arg. 13 p. TB.

1200 *Maires.* Ant. Louis Le Coulteux, 1764. Arg. 1773. C. Oct. Bigot de Sommesnil, 1779. Oct. Arg. (6218 à 20). 3 p. TB.

1201 *Archevêques.* Cardinal de la Rochefoucauld, 1778, s. d., 1780. (6230 à 32, 34 à 36). Oct. Arg. 6 p. B. et TB.

1202 *Clergé.* Louis XV, s. d. (6238). St Sacrement, 1751 (6239). Arg. 2 p. Méreaux du chapitre de la cathédrale. (6240 à 6260). C. 22 p. — Ens. 24 p.

1203 Notre Dame; l'Assomption, 1712; St Romain, 1712. (6261 à 63). Arg. 3 p. B. et TB.

1204 *La Monnaie.* Louis XIV, 1711. Louis XV, s. d. Louis XVI, 1787. *Monnoyeurs.* Louis XV et XVI. (6278, 80, 81, 85 à 95). Arg. 14 p. TB.

1205 *Prieurs et juges consuls.* 1712, 1772 et Louis XVI, s. d. (6296 à 300). Arg. 3 p. C. 2 p. B. et TB.

1206 *Chambre de commerce.* Louis XIV, 1703, 1707, 1712 (6301 à 4). Arg. 3 p. C. 1 p. TB.

1207 1721. Buste de Louis XV, n. s. (6306). Arg. TB.

1208 — Autre, signé *J C R* liés (6307). Arg. B.

1209 — Autre, DU VIVIER F. (6308). Buste signé *J C R* liés, 1719 (6305). Société du commerce, an V (6309). Arg. 3 p. B. et TB.

1210 *Chambre d'assurances.* 1743. Tête au bandeau signé *J C R* liés. ℟. Rocher battu par l'orage (6315). Arg. B. — Autre; même signature, sur le cou (6316). C. AB.

1211 — Autre; buste lauré, cuirassé, signé D. V. (6314). Arg. TB. 1742. Ancre et caducée (6312). Arg. TB. Buste de Louis XVI, LORT. F. 1785. ℟. 1743 (6317). C. AB. Femme assise à g. (6318). Arg. TB. — Ens. 4 p.

1212 *Réunion des Marchands*. 1706, 1719, 1750 (6319 à 22). Arg. 4 p. AB. B. et TB.

1213 *Apothicaires et épiciers*. Buste de Louis XIV. ℟. Mortier (6323, 24). Arg. et C. 2 p. TB.

1214 — Autres. Buste de Louis XV (6325, 26). Arg. 2 p. TB.

1215 Buste de Louis XV cuirassé signé *fm*. ℟. Ruche. Autre, signé D. V. (6327, 28). Arg. 2 p. B. et TB.

1216 *Marchandes lingères*. Louis XV. ℟. Mains jointes. Autres, tête de Louis XVI (6331 à 35). Arg. 5 p. B. et TB.

1217 *Orfèvres*. Armes de Rouen. ℟. Armes des orfèvres (6336). C. B. Très rare. *Pl. IX.*

1218 *Marchands passementiers*. Nativité de la Vierge (6337, 38). Arg. 2 p. TB.

1219 *Marchands toiliers*. St Mathurin exorcisant une possédée (6339, 40). Arg. 2 p. TB.

1220 *Loges*. Arts réunis. Céleste amitié. Parfaite égalité. (3641 à 43 et var.). Arg. 4 p. AB et TB.

1221 *Divers*. Orangerie de Versailles (6329). Arg. Jetons de Rouen. (6166, 68, 71, 72, 75 à 79, 81 à 82 a, 88, 95; 6200, 2, 10, 17, 64 à 66, 70 à 76 a, 82). C. 30 p. — Ens. 31 p.

1222 **Bellozane.** *François Vatable*. Ses armes. ℟. St Michel (6344). C. AB. Rare.

1223 **Evreux** (*Comté d'*). Armes de la comtesse d'Evreux. ℟. Armes de Bourgogne (6346). Autre. ℟. Croix dans un quadrilobe (6347). C. 2 p. TB.

1224 Armes d'Evreux. ℟. Croix évidée, fleurdelisée (6348 à 65). C. 19 p.

1225 **Bernay.** *L. Bertout d'Heudreville*. Ses armes. ℟. PRESANTS PAR LA VILLE M. IOUVIN MAIRE 1758. Armes de Bernay (6369). Arg. TB. Rare.

1226 **Caen.** *Nicolas Bernard*, 1550; C. *Trésoriers*, 1649; Arg. *P. de Rozevignan*, 1656; C. *Université*, s. d. Arg. Refr. ? (6371 à 74). — Ens. 4 p. B. et TB.

1227 **Canon.** *Fête des Bonnes gens*. (6375 à 92). Arg. 9 p. C. 9 p. Quelques refrappes.

1228 **St Manvieu**. Pierre le Marchant, 1627 (6393, 93 [a]). Arg. et C. 2 p. B. et TB.

1229 **Louviers**. *J. L. Portail*, 1745 (6398). Arg. TB.

1230 *Jacques de Louviers* (6397). C. Troué. *Loge* des Arts et l'Amitié, 1805 (6399). Arg. **Elbeuf**. Manufacture (6400, 1). Arg. et C. **Eu** (?) Lion portant un écu au lis (6403). C. — Ens. 5 p.

1231 **Le Hâvre**. *Assurances solidaires*, 1783. *Chambre d'assurances*, 1786. (6405, 6). Oct. Arg. 2 p. TB.
Gauvin 144, 134.

1232 **Dieppe**. *Prieurs et juges*, 1758. *Ediles*, 1762. *Merciers-drapiers*, 1728. *Loges*. Cœurs unis, s. d. Cœurs réunis, 1784. (6411 à 15). Arg. 5 p. B. et TB.

1233 **Noblesse**. *P. Droullin* (6417 à 17 [b]). *Jacques Brisard* (6418). *Fr. de Lespy du Saussey* (6422). Refr. ? *I. de Lonlay* (6423). *Nicolas Coudray*, 1645 (6424). C. 7 p. AB. B. et TB.

1234 *Piperay*, 1647. (6425, 26). Arg. et C. 2 p. *Tourville*, 1700. (6445 à 46 [a]). Arg. et C. 3 p. — Ens. 5 p. B.

1235 *Pierrepont*, 1724 (6447). Oct. C. *René Hérault*, lieutenant de police (6448 à 50). C. *Fr. d'Argouges* (6428). C. *Jérôme d'Argouges*, lieutenant civil (6451 à 53). Arg. et C. — Ens. 8 p. B. et TB.

1236 *Bochetel*. Armes accolés de Bochetel et de Breteville (6455). Oct. C. TB.

1237 *De La Luzerne*. Ses armes. ℞. Deux L cursifs enlacés (6461. Refrappe ?). Oct. Arg. TB.

1238 *Personnages*. Malherbe, Sarrazin, Poussin, Bochart, Corneille, Duquesne, Dupin, par Dassier, Malherbe, par Gatteaux (6419 à 21, 35 à 39, 41 à 44, 54, 55). Arg. 7 p. C. 7 p. TB.

1239 **Lot**. *Divers*. (6345, 45 [a], 67, 68, 94 à 95, 6408 à 10, 15 [a] à 16 [a], 18 [a], 30 à 34). C. 17 p. Et. 3 p. Plusieurs frustes.

1240 *Refrappes*. (Numéros non cités ci-dessus). Arg. 5 p. C. 37 p. Et. 2 p. TB.

Perche

1241 **Duché d'Alençon**. *Charles d'Alençon*. Ses armes. ℞. Armes de Jeanne de Joigny (6465). C. TB. Rare.

1242 *René d'Alençon*. ET PONET IN VIA GRESSVS SVOS. Lion entouré de marguerites dans une enceinte. ℞. Croix fleurdelisée (6466). C. TB. Rare. *Pl. IX.*

1243 *François d'Alençon*, duc d'Anjou, comte de Flandre, etc. Ecu de France, 1573. ℟. FOVET ET DISCVTIT. Soleil sur la mer (6476). Arg. TB.

1244 Ecu écartelé. ℟. Même type (6490). Arg. B.

1245 Buste à dr. ℟. Même type. Anvers, 1582. Autre, petit module (6482, 83). Arg. 2 p. B. et TB.

1246 Autre buste. ℟. Trophée d'armes, faisceau, etc. Transfert de la Ch. des comptes à Gand, 1583 (6484). Arg. TB.

1247 Types variés (6467 à 75, 77 à 81, 85 à 89, 91 à 6504). Arg. 2 p. C. 30 p. B. et TB.

1248 **Argentan**, 1726. Ruche (6506). Arg. B. Rare.

1249 **Bellème**. *Abolition des francs-fiefs* (6506 [a]). Arg. B.

1250 **Alençon**. *Confédération*, 1791. **Noblesse**. *F. de Launay* (ébréché). *Nicolas de Bauquemare* et Marie Voisin de St Paul. *Abot du Bouchet*. (6505, 5 [a], 7 à 10). C. 6 p.

Picardie

1251 **Amiens**. (*Reprise d'*), 1597. Conseil du roi, 1598 (6513 à 16 [b]). Arg 1 p. C. 3 p. Même sujet, jeton des Pays-Bas, 1597 (6517, 18). Arg. et C. 2 p. — Ens. 6 p. B. et TB.

1252 *Divers* (6511 à 14, 19 à 30). Arg. 1 p. C. 16 p. *Bureau des finances* (6531). Arg. — Ens. 18 p.

1253 *Chambre de commerce*, 1761. Tête de Louis XV, signée *fm*. (6532). Arg. B.

1254 Vue d'un port. ℟. du précéd. Buste de Colbert. Oct. *Académie*. Oct. (6533, 35, 36). Arg. 3 p. TB.

1255 **Eglises**. *Méreaux* de fabrique moderne. Pb. 4 p. C. 7 p. *Monnaies des Innocents*. Intéressante série de 123 méreaux de plomb. (6537 à 6614, 16 à 39). — Ens. 134 p.

1256 **Braine**. Robert de Sarrebruche. **Doullens**, 1595. Jeton des Pays-Bas. **La Fère**. Ch. des comptes, 1569. **Marle**. Charles de Vendôme. (6640, 41 à 43). C. 4 p. La dernière TB.

1257 **Péronne**. P couronné entre trois lis. ℟. Pistolet, arc, flèche et carquois (6645). Arg. TB. Rare. *Pl. IX.*

1258 Divers, 1656 (6646 à 48, 51, 56). Arg. 1 p. C. 5 p. B. et TB.

1259 **Abbeville**. Méreau des Anglais. Méreaux de St Wulfran. C. 12 p Pb. 2 p. Jeton en creux : ABB. ℟. SOC ÆMU. Arg. (6657 à 70). — Ens. 15 p. La plupart B.

1260 **St-Quentin.** *Loge* de St-Jean, 1744. Arg. La Philantropie, 1799. C. **Boulogne.** *Notre Dame.* Méreau. Pb. Troué et divers. **Calais.** Vue du Pas-de-Calais, 1651. Arg. et C. **Vervins.** Jetons de la Paix, 1599. C. **Vauberon** (?) Méreaux. C. (6670 [a] à 78). — Ens. 14 p.

1261 **Noblesse.** *Jean d'Auxy*, seigneur de Monceaux. Ses armes. ℟. Champ semé de lis (6680). Arg. B. Rare.

1262 *Concini*, maréchal d'Ancre, 1611. Ses armes. ℟. Ancre (6682). Arg. TB.

1263 *De Mailly.* Ecu à 3 maillets (6679). C. *Ch. de Moy.* Ses armes (6680 [a]). C. *Jacques de Happlincourt.* (6881). Refrappe ? Arg. et variété datée 1571. C. ***Hesselin.*** (6683 à 85). C. *Duc de Chaulnes.* Méreau (6693). C. *Soissons-Moreuil.* (6698). C. — Ens. 9 p.

1264 *Jacques Favier du Boullay* et Elisabeth Vallée des Barreaux, 1637. *Louis de Roussi de Sissonne*, 1654. *Ch. H. de Barentin* et Marie de Montchal, 1701. *Ant. de Wignacourt* et Madeleine de Villelongue de Brunehamel, 1716. *S. P. du Chambge de Liessart.* s. d. *Louis Aug. d'Ailly* et Romaine de Beaumanoir de Lavardin (6685 [a], 88 à 90, 92, 96). C. 6 p. TB.

1265 *Vincent Voiture*, par Dassier (6686 à 7). Arg. 2 p. C. 1 p. TB.

1266 **Lot** de refrappes (6534, 6640 [a], 49, 50, 52 à 55, 75, 91, 94, 95, 97, 98 [a]). Arg. 5 p. C. 9 p. TB.

Cambrésis

1267 **Cambrai.** AVE MARIA GRATIA PLENA. Croix double cantonnée de CAMERACV. (6699). Arg. TB. Rare.

1268 *Gouverneurs.* Jean de Montluc, 1589 et s. d. (6706 à 8). Arg. et C. 3 p. B. et TB.

1269 *Etats.* Louis XIV, XV, XVI. s. d. (6714, 15, 20, 24 à 26. 28, 31 à 33). Arg. 11 p. B. et TB.

1270 *La Ville.* Louis XV et XVI. Bustes variés (6737 à 41, 43 à 47, 50, 51). Arg. 14 p. B. TB.

1271 **Clergé.** *Max. de Berghes*, 1561. Arg. et C. et s. d. C. *Louis de Berlaimont*, 1573. C. *Charles d'Orléans*, 1726. Arg. et C. *Fénelon*, par Dassier. Arg. et C. (6752 à 61) — Ens. 4 p. Arg. 6 p. C. B. et TB.

1272 *Cathédrale.* + MONETA CAPITVLI. Tête de face (6763). C. TB. Rare.

1273 Méreaux de VI deniers, s. d., 1538, 40, 48, 50, 54, 58, 59, 60, 63 (6764 à 89). C. 28 p. En général B.
1274 IV, II, I deniers (6790 à 6835). C. 49 p. En général B.
1275 *St Géry*. I, III deniers. (6836 à 44). C. 12 p. AB et B.
1276 **Lot** de jetons et refrappes (N^os^ non cités ci-dessus). Arg. 3 p. C. 27 p. Et. 1 p.

Artois

1277 **Comtes d'Artois**. *Robert I* et Mahaut de Brabant (6846). C. B.
1278 *Marguerite de Hainaut*, femme de Robert II (6847). C. TB.
1279 *Mahaut*, fille de Robert II (6848). C. TB.
1280 *Robert III* (?). Troué (6849). *Jeanne de Valois*, femme du précédent (6850). C. B. — Ens. 2 p.
1281 *Marguerite de France*, veuve de Louis de Crécy. (6851). C. TB.
1282 — Variétés (6852 à 55). C. 4 p. B.
1283 *Marguerite*, fille de Philippe V de France (6857). C. TB. Rare.
1284 — Autre type (6857a). *Louis de Mâle* (6856). *Philippe le Hardi* et Marguerite (6858). *Indéterminés* attribués à l'Artois (6859 à 62). C. 7 p. B. et TB.
1285 *Charles-Philippe*, s. d., 1773, 1775 (6863 à 68). Arg. 2 p. C. 5 p. dont 3 refr. B. et TB.
1286 *Marie Thérèse de Savoie*. (6874). C. Refrappés (6869 à 73, 75 à 80). — Ens. Arg. 4 p. C. 9 p. B. et TB.
1287 **Etats**. *Philippe II*, 1579 ; C. 1597 ; Arg. et C. (6881 à 83). 3 p. B.
1288 *Louis XV* et *XVI*, s. d. (6892, 96, 98, 6900, 2, 4 et var., 6, 7, 10, 13, 14). Arg. 13 p. B. et TB.
1289 **Divers**. *Philippe II*, 1570 (6916) ; 1587 (6926). *Les Archiducs*, 1600 (6937). Arg. 3 p. B. et TB.
1290 *Robert de Melun*, marquis de Roubaix, s. d. et 1582 (6939, 40). *Marc de Rye*, marquis de Varambon, 1591 (6941, 42). C. 4 p. B. et TB.
1291 *Prise d'Arras*. Intéressante série de jetons variés, datés, pour la plupart, 1641 ou 1655 (6943 à 6976). Arg. 5 p. C. 31 p. En général B. et TB.
1292 *Lot*. Jetons et refr. (n^os^ non cités de 6884 à 6979). Arg. 2 p. C. 47 p. Et. 1 p.
1293 **Arras**. *Méreaux du Mandé* (6981 à 83). C. 3 p. B. et TB.

1294 *Perrenot*, évêque (6980). *Méreaux* de IV, III, II, I deniers (6984 à 7004). C. 33 p. En général B.

1295 *Saint Vaast*. Sarrazin, abbé, 1589 (7005). C. Méreaux (7006 à 11). Pb. 4 p. C. 2 p. — Ens. 7 p. B.

1296 **St Omer**. Ecu au lion. ℟. + DE SAINT OMER. Croix évidée cantonnée de 2 lis et de 2 aigles (7012). C. TB. Rare.

1297 Variétés. Autres ; agneau. ℟. des précédents (7013 à 16). C. 4 p.

1298 XII, VI, IV, III, II, I deniers (7017 à 7045). C. 35 p. La plupart, B.

1299 *St Bertin*. Ant. de Berghes, s. d. et 1509. Jetons de 1573, 1582. *Méreaux des évêques* (?). *Alph. de Valbelle*, 1730. *Divers*. (7046 à 60). C. 16 p. B. et TB.

1300 **Béthune**. Réunion. Et. *Corporations*. Méreaux. Pb. *St Barthelémy*. Méreaux. C. *Prieuré de St Pry*. S' PRI. ℟. MARTIR. Méreau. C. (7061 à 67). — Ens. 9 p.

1301 **Bapaume**. (*Prise de*). C. *Méreaux*. Pb. (7068 à 71). **Lillers**. *Méreau*. Pb. **Ardres**. 1725. Et. **Thérouanne**. *Evêché*. Jetons et méreaux. C. (7068 à 95). — Ens. 29 p. En général, B.

1302 **St Pol**. *Ch. des comptes*. Troué. *Marie de Luxembourg*, s. d. *Adrienne d'Estouteville*, 1555. *Duc d'Estouteville*. Ses armes. ℟. Licorne. TB. *Duchesse d'Estouteville*. Même type. Troué. *Marie de Bourbon* et Henri de Longueville. (7096 à 7101). C. 6 p.

1303 **Dunes**. (Bataille des) C. **Gravelines**. *Philippe II*, 1558. C. *Conseil du roi*, 1645. Arg. et C. (7102 à 7). — Ens. 6 p. dont 2 refr. B. et TB.

1304 **Noblesse**. ALTERI. NON. DABO. GLORIAN. MEAM. Ecu de Mouchy-Sénarpont. ℟. QVÆSIVI, etc. Miroir entre des ossements (7108). C. B. Rare.

1305 *François des Airelles*, 1597. Ses armes. ℟. Armes d'Anne Destourmel (7112ª). Arg. TB. Rare. *Pl. IX*.

1306 *Ph. de Beaufort* et Jeanne d'Haleweyn. *Fr. Waroquier* et Claude Pinon, 1577. *Marie Destourmel*, 1624. *Albert de Longueval*, 1644 (7109, 11, 13, 15). C. 4 p. B. et TB.

1307 *Louis de Croix*. 12 patards. *E. de Lalaing* et Anne de Croy, 1586. *Fr. de Waroquier* et Marie Philippe de Billy, 1643. (7110, 12, 14). C. 3 p. B.

1308 *Max de Béthune*, duc de Sully. Arg. et C. *O. d'Avricourt* (2 p. variées. *Pajot*, sieur de Plouys. *De Guernonval*, mayeur de St Omer, 1715. *Marie d'Aligre* et le maréchal d'Estrades. Oct. (7116 à 22). Arg. 1 p. C. 8 p. AB. B. et TB.

1309 *L. Arm. Fr. de Larochefoucault*, duc d'Estissac. Ses armes. ℞. Inscription, 1759 (7123). Arg. TB. Rare. *Pl. IX.*

1310 *Louis de Bonnières de Guines*, 1769. Arg. *Ant. Louis Fr. Lefèvre de Caumartin*, 1756. Arg. et C. *Léon, prince de Béthune*, 1785. Arg. et C. (7124 à 28. Refrappes). Oct. 5 p. TB.

Flandre Française

1311 **Lille.** *Chambre des comptes*. Philippe le Bon à Charles V (7129 à 35, 37 à 46). C. 25 p. Marguerite d'Autriche (7136). Arg. B.

1312 Philippe II (7147 à 84[a]). C. 48 p. AB. B. et TB.

1313 *Etats de Flandre*. Louis XV, 1769, 73. Louis XVI, s. d. Oct. Arg. 4 p. et 3 refr. C. et Et. (7185 à 91). *Députés aux Etats*, Arg. 1 p. et 4 refr. C. (7192 à 96). — Ens. 12 p. TB.

1314 *Etats de Lille*. Philippe IV et Isabelle, s. d. Philippe IV, 1660. Louis XIV et Marie-Thérèse, s. d. Louis XV, s. d., 1757. (7216, 20, 21, 35, 39, 40, 43). Arg. 7 p. TB.

1315 Divers (7197 à 7215, 17 à 19, 22 à 26, 34, 36 à 38, 41, 42, 44, 45). C. 37 p. dont 3 refr. B. et TB.

1316 *Chancellerie de Flandres*. Louis XV et XVI (7246 à 52, 54). Arg. 9 p. TB.

1317 Jetons et refrappes (7252[a], 53, 55 à 64). C. 11 p. *Monnaie* (7227, 28). Arg. et C. *Sacre* de l'archevêque de Cologne (7229 à 33). Arg. 1 p. C. 5. — Ens. 19 p. B. et TB.

1318 *Chambre de commerce*. Buste enfantin de Louis XV, signé DR en monog. ℞. Boussole sur une base (7266). Arg. TB.

1319 — Autre. Buste non signé (7268). Arg. TB.

1320 — Autre. Buste signé *J C R* en monogr. (7271). Arg. TB.

1321 — Buste varié et plus gros ; même signature (7273). Arg. TB.

1322 — Buste varié, cheveux flottants ; même signature (7272). Arg. TB.

1323 — Buste adolescent, signé DU VIVIER F. (7274). Arg. TB.

1324 — Même buste, signé DU VIVIER sur le bras (7276). Arg. TB.

1325 — Tête au bandeau, signée *F M* (7277), Arg. TB.

1326 — Autre, signée *J C R* liés (7278). Arg. TB.

1327 — Buste cuirassé signé D. V. (7279). Arg. TB.

1328 — Buste drapé, signé R. FIL. (7280). Arg. TB.

1329 — Tête laurée, signée *R. filius* (7282). Arg. B.

1330 — Buste drapé, signé DU VIVIER (7283). Arg. TB.

1331 — Bustes affrontés de Louis XV et de Marie Leczinska (7285). Arg. B.

1332 — Buste enfantin, signé TB. Louis XVI. Buste à g. et tête à dr. Signés DU VIV. (7265, 86, 89). C. 3 p. B. et TB.

1333 — Buste habillé de Louis XVI à dr. signé DU VIV. Autre, à g., signé P. DROZ F. (7287, 90). Arg. 2 p. Refrappes (7267, 69, 70, 75, 81, 84, 88). Arg. 2 p. C. 5 p. — Ens. 9 p. TB.

1334 *Eglises*. Buste de Louis XVI. ℟. ADMINISTRATION DU BIEN DES PAUVRES DE LA PAROISSE DE S^TE^ CATHERINE A LILLE, 1775 (7304). Arg. TB.

1335 Méreaux de St Etienne, St Maurice, Ste Catherine (7293 à 7303). *Corporation des filtiers* (7305 à 11). *Divers* (7315 à 24 a). *Domaines* et bois de Flandres (7291, 92) C. 29 p. Pb. 4 p. *Maçonniques*. Heureuse Réunion. Amis réunis. (7325, 25 a). Arg. 2 p. TB.

1336 **Cysoing** (*Abbaye de*), 1661 (7326). C. **Douai**. *Méreaux* divers (7327 à 40 a). C. 17 p. Pb. 1 p. *Maçonniques*. Parfaite Union, 1802 et 1803 (7341 à 45). Arg. 1 p. C. 4 p. — Ens. 24 p. B. et TB.

1337 **Hainaut Français**. *Domaines et bois*, 1743. Arg. 3 p. C. 1 p. Refrappes, 1724, 1743 C. 3 p. (7346 à 52). — Ens. 7 p. TB.

1338 **Valenciennes**. *Conseil de ville*, 1726, 1748. Louis XV, 1758. (7356 à 61). Arg. 6 p. TB.

1339 Louis XVI, 1765, 82, 85. Arg. 4 p. TB. C. 4 p. dont 2 refr. (7362 à 68). — Ens. 8 p.

1340 *Maçonniques*. Parfaite Union, 1784 et s. d. St Jean-du-désert. S. d. (7376 à 80). Arg. 3 p. C. 1 p. B. et TB.

1341 *Divers*. GETOIR CONTE DE HAINAV. (7353). Méreaux et jetons divers (7354, 55, 69 à 75 a). **Vicogne**. Abbaye, 1588, 1642 (7381, 82). **Avesnes**, 1578, 79. (7384 à 84 b). **Condé**. (7385 à 88). **Maubeuge**. Méreaux (7389, 89 a). — Ens. C. 19 p. Pb. 5 p.

1342 **Dunkerque**. *Prise de la ville* par les Espagnols, 1653. Buste de Philippe IV. (7392, 93). Arg. et C. 2 p. TB.

1343 *Louis XIV*. Conseil du roi, parties casuelles, 1659. Rachat de Dunkerque, 1663; ordinaire et extraordinaire des guerres (7395, 7400, 6, 11, 12). Arg. 5 p. TB.

1344 Ville et chatellenie de Dunkerque, 1677, 84, 86, 87 (7413, 15 à 17). Arg. 4 p. B. et TB.

1345 *Leboistel*. M^RES^ D. LE BOISTEL DE CHANTIGNONVILLE. CON^ER^ DV. ROY. INTENDANT DE FLAN. Ses armes. ℟. COM^RE^ DE SA MA^TE^ AV RENOVVELLEM^T^ DE LA LOY DE DVNKERKE. Ecu de la ville (7423). Arg. TB. Rare.

1346 *Divers* (7390, 91, 94, 96 à 99, 7401 à 5, 7 à 10 [a], 11 [a], 11 [b], 12 [a], 14, 18 à 22). C. 25 p. Et. 1 p. **Anchin.** *Wardier de Davre*, 1575, *Jean Faveau*, 1612, (7424, 25). C. 2 p. TB. **Berghes St Winoc.** *Chatellenie.* s. d. et 1679. Arg. 2 p. Jetons et méreau. C. 4 p. (7428 à 32). — Ens. 34 p. dont quelques refrappes.

1347 **Denain.** *Artillerie*, 1713. Buste de duc du Maine. ℟. RATIO ULTIMA PACIS. Deux canons braqués sur la ville (7433 à 35). Arg. 1 p. C. 2 p. dont une refrappe. TB.

Lorraine

1348 **Ducs.** *Antoine.* Bras armé; croix de Jérusalem; épée sur champ d'alérions. (7437 à 41). C. 5 p. B. et TB.

1349 *Renée de Bourbon.* Ses armes. ℟. Faisceaux d'olivier noués (7442). Arg. B. Rare.

1350 — Même pièce (7443). *François I.* Dextrochère (7444). — Ens. 2 p. C. B. et TB.

1351 *Christine de Danemark et Nicolas.* Bustes affrontés. R. GECTS DES COMPTES DE LORRAINE 1550. Ecu couronné (7445). Arg. B. Rare. *Pl. IX.*

1352 — Même pièce et autres de 1553, 54. Bureau de Lorraine, 1551. Jetons de 1560, s. d., 1587, 94, (7446 à 53 [a]). C. 9 p. AB. B. et TB.

1353 *Charles III* et Claude de France. 1560, 63, 67 et s. d. (7454 à 65). Arg. 1 p. coulée. C. 13 p.

1354 *Charles III.* 1570. Armes de Lorraine. ℟. Trois alérions traversés par une flèche (7468). Arg. TB.

1355 — Même pièce et autres, 1554, 58, 70, 79, 83, 86, 87, 88, 89, 94, 96, 97 et s. d. (7466 à 67, 69 à 84, 86 à 7500). Arg. 1 p. fruste. C. 34 p.

1356 1588. Buste à dr. ℟. Armes sur un manteau surmontées d'un heaume (7485). Arg. B. Rare.

Voir Saulcy. Monnaies de Lorraine XXIII. 12

1357 1598. Alérions sur une bande entre 7 écus. ℟. La Justice et un guerrier renversé sur des armes (7501). Arg. TB. Rare. *Pl. IX.*

1358 — Même pièce, C. et variété, Arg. (7501 [a], 2). Jetons sans date (7504 à 18), — Ens. Arg. 1 p. C. 18 p.

1359 Buste à dr. ℟. Dextrochère (7503). Arg. TB.

1360 *Henri*, marquis de Pont à Mousson; 1582, 83, 84, 88, 98 (7519 à 25). C. 6 p. *Henri*, duc; 1612, 14, 15, 16, 20, 24. (7526 à 31, 33 à 37, 39, 40). C. 20 p.

1361 1614. Ecu de Lorraine. ℟. Phare. 1620; chambre des aides. (7432, 38). Arg. 2 p. B. et TB. Rares.

1362 *Henri* et Catherine de Bourbon. 1599 (7541). C. AB. Rare. *Catherine de Bourbon*. Ecus de Lorraine et de France-Navarre accolés. ℟. IMPERSVASIBILIS. 1600. Serpent couronné (7542). Arg. TB. Rare. — Ens. 2 p.

1363 *Henri* et Marguerite de Gonzague, 1606 et s. d. Chambre des aides, s. d. *Marguerite de Gonzague*, veuve. Tournesol. ℟. Le mont Etna. (7543 à 46). C. 4 p. B. et TB.

1364 *François II* et Claude de France. 1596, 97, 1631 et s. d. (7547 à 57). C. 10 p.

1365 *Occupation Française*. Intendance de Lorraine, Barrois et évêchés, 1659. Le roi à cheval. ℟. Ecu de France (7557). Arg. B.

1366 Buste du roi. ℟. Soleil, 1660 (7558). Arg. TB.

1367 — 1661. La Province assise à g. (7560). Arg. TB.

1368 — Même pièce et variété. Refrappe, 1660. (7559, 60 [a], 61). *Charles IV*. 1662 et s. d. (7562, 63). *Charles V*, prétendant (7564). *Léopold* et Elisabette, 1704. Médailles (7565 [a] et var.). *Elisabeth-Charlotte*. 1715, 1737. Arg. et C. (7566 à 69). — Ens. Arg. 2 p. C. 10 p. B. et TB.

1369 *Léopold*. Croix de Lorraine couronnée sur un monogr. ℟. JETTONS DE SON ALTESSE ROYALLE DE LORAINE 1708 (7565). Oct. C. TB.

1370 *François III*. Jeton du mariage avec Marie-Thérèse d'Autriche, 1736 (7573). Or. TB. *Pl. X.*

1371 — Même pièce (7574). Arg. Entrée à Nancy, 1715 (7572). Couronnement à Francfort, voyage en Hongrie, etc. (7575 à 80). *Léopold Clément*, 1714 (7570 à 71 [a]). *Stanislas*. Jetons et médailles (7581 à 88). — Ens. Arg. 9 p. C. 7 p. Et. 3 p. B. et TB.

1372 **Famille ducale**. *Jean, cardinal de Lorraine*. Ses armes. ℟. Croix de Jérusalem, 1523 (7589). C. B. Rare.

1373 *Eric et Dorothée*. Monogramme. ℟. Foi sur un autel, 1575 (7595). Arg. Traces de dorure. TB. Rare.

1374 — Revers du précédent, uniface. Arg. Variété. C. (5795 [a], 96). *Anne*. Ses armes. ℟. Croix de Jérusalem. Autres; monogr. (7590 à 94). *Charles*, évêque d'Osnabruck, 1715 (7599). Arg. 3 p. C. 5 p.

1375 *Maximilien de Bavière* et Elisabeth de Lorraine. Monogramme. ℟. FOELICIS CONIVGII ERGO. Foi sur des nuages. 1695 (7597). Or. TB. *Pl. X.*

1376 *Charles de Rimancourt*, abbé de Gorze. Ses armes. ℟. Tournesol. 1612 (7598). Arg. B. Rare. *Pl. IX.*

1377 *Anne Caroline*. Son buste. ℟. Tombeau. 1773 (7615). Or. TB. *Pl. X.*

1378 — Même pièce. Autre, arrivée de Marie-Antoinette, 1770. (7615 [a], 16). Arg. 2 p. *Charles-Alexandre de Lorraine*, gouverneur des Pays Bas. 1754, 55, 56, 57, 63, 64, 66, 69, 70, 73, 77, 80, (7600 à 14). — Ens. Arg. 10 p. C. 8 p. B. et TB.

1379 **Les Guise**. *Claude*. Buste à g. ℟. Ses armes. 1544 (7617). C. TB.

1380 *Claude et Antoinette de Bourbon*, 1574 (7620). C. et 2 pièces Pb (7618, 19). *Catherine Marie de Lorraine*, 1578, 1586 (7622, 23). — Ens. 5 p. AB. et B.

1381 *François et Anne d'Este*. Ecu couronné. ℟. Monogramme. (7621). C. TB. Rare.

1382 *Henri de Guise et Catherine de Clèves*. Armes du duc. ℟. Armes de la duchesse. Arg. et C. Ecu écartelé. ℟. Vigne. 1604 (7624 à 26). C. — Ens. 3 p. B.

1383 *Charles de Lorraine*. Ses armes. ℟. Guerrier saisissant une femme nue par les cheveux. 1603. Arg. Autres types, 1600, 1613, 1620. C. (7627, 28, 29, 30). — Ens. 4 p. B. et TB.

1384 *Charles, duc de Mayenne et Henriette de Savoie*. Armes du duc. ℟. Armes de la duchesse (7631). Arg. B. Rare. *Pl. IX.*

1385 *Henri, duc de Mayenne*. s. d. (7632). *Charles, marquis d'Elbeuf*. s. d. (7640). C. 2 p. B. et TB.

1386 *Claude, duc d'Aumale*. Armes écartelées de Guise et de Bourbon. ℟. Palmier entre deux amphores, 1571 (7633). Arg. TB. Rare. *Pl. IX.*

1387 Ses armes. ℟. C. GODARD TRESORIER DV DIT SEIGNEVR. Ses armes (7634). C. TB. Rare. *Pl. IX.*

1388 Ses armes. ℟. Ecu de Louise de Brézé (7635). *Charles, duc d'Aumale*, 1578 (7636). C. 2 p. B.

1389 *Anne d'Aumale*, duchesse de Nemours. CHAMBRE DES COMPTES D. GENEVOIS. Ecu parti de Savoie Nemours et d'Aumale. ℟. Aigle défendant son nid contre un serpent. 1635 (7637). Arg. TB. Rare. *Pl. IX.*

1390 — Mêmes pièces (7638, 39). C. 2 p. B.

1391 *Henri, comte d'Harcourt*. Ses armes. ℟. Aigle, 1641 (7641). Arg. TB. Rare. *Pl. IX.*

1392 *Charles, comte d'Harcourt et d'Armagnac*. Croix de Lorraine. ℟. Monogramme. (7646). Oct. *Nicolas, comte de Vaudémont*. (7647 à 49). *Henri de Mercœur-Chaligny*, 1627 (7650). *Vauvillers*. Nicolas du Châtelet (7651, 52). — Ens. 7 p. C.

1393 **Personnages**. *Christophe de Bassompierre*. Ecu écartelé de Bassompierre et de Louise Picard de Radeval. ℟. Ruche. (7655). Arg. TB. Rare. *Pl. IX.*

1394 — Même pièce. Ecus accolés de *Bessat* ou *Bernard* et Bochetel. Oct. Ecus accolés de *Faucon de Ris* et de Bar. Oct. Ecu heaumé aux armes de *Fontaines*, 1648. (7655 [a], 58, 60, 63). C. 4 p. AB. B. et TB.

1395 *Charles IV de Gonzague* et Suzanne Henriette de Lorraine-Elbeuf. Ecus accolés. ℟. Monogramme. (7659). Oct. Arg. TB. Rare. *Pl. IX.*

1396 *Anne-Fr.-Ch.-Joseph de Barette*. Ses armes. ℟. Plume et épée en sautoir, 1713. (7665). C. TB.

1397 *Calot*, *Fabert*, *Musculus*, *H. d'Harcourt*, par Dassier (7644, 45, 54, 57, 61, 62). Arg. 4 p. C. 2 p. *Refrappes* (7642, 43, 53, 56, 60 [a], 64). C. 4 p. Et. 2 p. — Ens. 12 p. TB.

1398 **Nancy**. Vue de la ville, 1637, 63, 69, 74, 99, 1733 (7673, 80, 86, 89, 95, 7702). Arg. 6 p. B. et TB.

1399 — Mêmes pièces et autres dates (7669 à 72, 74 à 79, 81 à 85, 87, 88, 90 à 94, 96 à 7701, 3). C. 36 p. La plupart B. et TB.

1400 *Gouverneurs, intendants, échevins*. Ecu d'Erard de Livron et Gabrielle de Bassompierre. ℟. Obélisque, 1583 (7707). Arg. TB. Rare. *Pl. X.*

1401 — Même pièce (7708). J. Comte de Salm ; son buste, 1577 (7705). G. de Savigny ; son buste, 1578 (7706). C. 3 p. B.

1402 Etienne du Bois, 1561. Ses armes. ℟. NEC MORS NEC VITA sur deux banderoles posées sur deux épées (7704). C. TB. Rare. *Pl. X.*

1403 Ecus de Christophe de Custine et d'Antoinette de Nettancourt (7711). Arg. B.

1404 Lejay, intendant, 1655. Bayard, s. d. Saulnier (?) et Thibaut, 1727. Hanus et Jourdain de Pombillot, s. d. Lefebvre, 1729 et s. d. (7709, 10, 12 à 15). C. 6 p. B. et TB.

1405 Ecus de Maimbourg et de Lefebvre, 1729 et s. d. Armes de Labbé de Coursey et d'Anne Marie Bourcier de Montureux, s. d. Le duc de Fleury, s. d. Ecus de Chaumont et de Bergeret, s. d. (7716 à 23). C. 9 p. B. et TB.

1406 **Metz.** *Jetons royaux.* NIL NISI CONSILIO. Ecu de France. ℞. DONEC TOTVM IMPLEAT ORBEM. 1556. Trophée dans lequel deux étendards, l'un portant LOTO, l'autre l'image de la citadelle de Metz. (7724). Arg. TB. *Pl. X.*

1407 Tête de Louis XIII. ℞. IECT. DE LA COVR DE PARLEMENT DE METZ. Ecu de France. 1641. (7729). Arg. TB.

1408 *Echevins.* I. BAPTE DE VILLER MRE ESCHEVIN DE METZ. Ecu de la ville. ℞. IVSTITIA ET MARTE 1620. Ecu écartelé de Villers et de Mondelange (7731). Arg. bas. B.
Vente Robert n° 881, donné comme *unique.*

1409 ABR. FABERT M. ECHEVIN. Hercule. ℞. MONETA NOVA METE. 1624. Ecu de la ville (7732). Arg. B. Très rare.

1410 Philippe Praillon, 1633. (7733). C. Thomas de Bérard, 1663. (7734). Arg. bas. — Ens. 2 p. B. Rares.

1411 Bernard de Pellart de Givry, 1669, C. 1675, Arg. 1677, C. (7735, 36, 37 b). — Ens. 3 p. B. et TB.

1412 VNDIQVE SOLEM. Armes de Givry. ℞. Armes de Metz, 1677 (7737). Or. B. Rare. *Pl. X.*

1413 — Même pièce et variété datée 1675 (7737 a, 36 a). Arg. 2 p. TB. Rares.

1414 H. Poutet, 1684, petit module; 1686. (7741, 42). Arg. 2 p. B. et TB.

1415 P. P. Pantaléon, 1689. Petit module (7743). Arg. TB. Rare. *Pl. X.*

1416 Louis F. Jeoffroy, 1690. Christophe d'Auburtin, 1692. (7744, 45). Arg. 2 p. B. et TB.

1417 Pierre de Rissan, 1694, 96, 1700 (7746, 47, 48). Arg. 3 p. TB.

1418 Cl. Ph. d'Auburtin, 1709 (7751). Arg. TB.

1419 T. de Bérard, 1678, 80 (7738, 39). H. Poutet, 1683, 86 (7740, 42 a). L. F. Jeoffroy, 1690 (7744 a, b). P. de Rissan, 1696, 1700, 1703 (7747 a, 48 a, 49). C. 9 p. B. et TB.

1420 *Gouverneurs, intendants.* Casimir Metz de Caumartin, 1754 (7752 à 55). Arg. 1 p. C. 3 p. B. et TB.

1421 Fouquet, duc de Belle-Ile, 1760. Son buste. ℞. Génie des Sciences, Art, Agriculture (7756) Arg. TB.

1422 *Evêques*. Robert de Lenoncourt. Buste à dr. ℞. IN LABORE QVIES. 1554. Ses armes (7759). C. B. Rare. *Pl. X.*

1423 Louis de Lorraine. LVDOVICVS. CARD. A. GVYSIA. EPS. METEN. Ses armes. ℞. FIDVS INDEX NVMERI 1576 (7760). Arg. TB. Très rare. *Pl. X.*

1424 Charles II de Lorraine. CAROLVS. A. LOTH. EPISCOP. METENSIS. Ses armes. ℞. TE. DVCE. VELA. DABO. 1587. Navire guidé par le Saint Esprit (7762). Arg. TB. Très rare. *Pl. X.*

1425 Anne d'Escars de Givry. Buste à dr.; au-dessous, l'écu de Givry. ℞. NON. ALIBI. STAT. FIRMA. Sur un paysage, ancre soutenue par de célestes palmes (7763). Arg. TB. Très rare. *Pl. X.*

1426 Henri de Verneuil et Nicolas Coeffeteau. Ecu de bâtard de France. ℞. Ecu de Coeffeteau, 1620 (7765). Arg. TB. Très rare. *Pl. X.*

1427 Henri de Lorraine; ses armes. ℞. St Etienne. Louis de Lorraine, 1576. Charles II de Lorraine, 1579. Henri de Verneuil, siège vacant, 1615. Henri de Verneuil et Nicolas Coeffeteau, 1620 (7758, 60 [a], 61, 64, 65 [a]). C. 5 p. La plupart AB. et B.

1428 Georges d'Aubusson, 1696. Ses armes. ℞. Buste de St Etienne (7766). Arg. B. Rare.

1429 Siège vacant, 1697. Armes du chapitre. ℞. Même type (7768). Arg. TB. Rare.

1430 — Autre, même type, 1760 (7770). Arg. TB.

1431 *Lot*. Jetons royaux (7725 à 28, 29 [a] à 30 [a]). Evêques (7767, 69, 71 à 74). C. 13 p.

1432 **Toul**. *Charles de Lorraine Vaudémont*. Ses armes. ℞. MERITO DEFENDO TVENTEM sur une banderole et église. Buste à dr. ℞. Ses armes. *Jean Forget*. Jeton gravé. (7775 à 77). C. 3 p. AB. et B. Rares.

1433 **Verdun**. *Louis de Lorraine*. LOYS DE LOR. EVESQ. Z. COTE. DE. VERDV. Ses armes. ℞. GETS DES. COPT. DE LEVESCHE. DE. VD. Croix de Lorraine sur une crosse accostée de 2 alérions et de 2 L (7778). Arg. TB. Très rare. *Pl. X.*

1434 *Nicolas Psaulme*. Buste de 3/4 à g. ℞. GETZ DES COMPTES DE LEVSCHE DE VERDV. Ses armes, 1575 (7779). Arg. TB. Très rare. *Pl. X.*

1435 — Même pièce. *Nicolas Bousmard*, 1584. *Erric de Lorraine*. Ses armes. ℞. Lampe. 1596. (7779 [a] à 81). C. 3 p. B.

1436 Buste à dr. ℞. GECT. DV BVREAV. Ses armes (7782). Arg. TB. Rare. *Pl. X.*

1437 Même pièce. Autres, 1610. *Charles et Henri de Lorraine*. Leurs armes. ℞. HOC. NEXV. VINCTI. INVINCTI. 1617. Epée entre deux crosses réunies par un lien. (7783 à 86). C. 4 p. AB. et B.

1438 **Bar.** *Chambre des comptes*, 1636. Buste de Louis XIII. ℞. Ecus accolés. (7800). Arg. *Chambre de ville*, 1680; réunion de Bar à la France (7810, 11). Arg. et C. — Ens. 3 p. B.

1439 *Henri de Lorraine*, 1606. *Chambre de ville*, 1632, 44, 46, 50, 59, 82, 86, 90, 1700. *Chambre des comptes*, 1646, 56, s. d. *Divers*. (7787 à 97, 99, 99 [a], 7801 à 6, 12 à 13 [a]). C. 19 p. Et. 2 p.

1440 **Montmédy**. (*Prise de*). Jeton des parties casuelles, 1658; Conseil du roi, 1658. (7822, 23). Arg. 2 p. B. et TB.

1441 — Autres, 1658, 60, 68 et s. d. **Divers**. *Jametz*, 1588. *Sorcy*. Choiseul-Praslin, 1736. *St Dizier*, Garde citoyen. *Thionville* (Prise de). 1643. *Stenay*, 1654. *Mines de Lorraine* (7824 à 30, 7814 à 15, 16, 17, 19, 20, 31 à 34). *Refrappes* (7750, 57, 98, 7807 à 9, 15 [a], 18, 21, 26). — Ens. Arg. 2 p. C. 25 p. Et. 1 p.

Alsace

1442 **Strasbourg**. SOLIVS VIRTVTIS FLOS PERPETVVS. Lis. ℞. Vue de la ville (7836). Arg. TB.

1443 *Jubilé de 1781*. Lis. ℞. Armes de Franck (7840). Oct. Arg. TB.

1444 — Même type. ℞. Buste de Louis Joseph, dauphin (7842). ARGENTORATUM FELIX. Lis (7841). Hexag. — Ens. Arg. 2 p. TB.

1445 **Personnages**. *Cardinal de Rohan*. Buste à dr. ℞ Ses armes. *Nicolas de Corberon* et Suzanne de Laudreau, 1730. (7844, 46). C. 2 p. TB.

1446 **Divers**. *Strasbourg* remis à l'obéissance, 1681. *Martin Bucer*, par Dassier. etc. (7835, 37 à 39, 45). Arg. 1 p. (refr.) C. 4 p. Pb 1 p.

Champagne

1447 **Troyes**. *Arquebuse*. Tête de Louis XV (7851). Arg. TB.

1448 — Même pièce et refrappe Louis XVI. *Ecoles*, sou surfrappé. *Méreaux*, 1556 et s. d. *Jeton* avec PATRIÆ REGIS RE 1649; autre. ℞. NIL NISI CONSILIO. (7847 à 50, 52 à 54). C. 8 p. B et TB.

1449 **Chalons s. Marne**. *Hôtel de ville*. Louis XV (7857 à 61). Arg. 5 p. TB.

1450 — Refrappe. C. *Monnayeurs*. Grands jetons au buste d'Henri IV; 3 p. Arg. 1 p. C. coulées ou refr. *Prix général*, 1754. Et. *Société* d'agriculture, an VI. Arg. et C. (7855 à 56 a, 62 à 64). — Ens. 8 p.

1451 **Reims**. *Sacre*. François II. Buste à dr. ℟. Main céleste tenant la Ste Ampoule. 1559 (7865). Arg. TB. *Pl. XI.*

1452 — Buste à g. ℟. Même type. (7866 à 69). Arg. 4 p. dont 2 indiquées RF. TB.

1453 Charles IX. Buste à g. ℟. Même type. 1561 (7870 à 73). Arg. 3 p. C. 1 p. — Ens. 4 p. dont 2 refr. TB.

1454 Henri III. Buste à dr. ℟. Colombe apportant la Ste Ampoule 1575 (7874). Arg. TB. Rare.

1455 — Même buste varié. ℟ Même colombe, deux couronnes, monogr. entre trois lis (7875). Arg. TB. Rare.

1456 Marie de Médicis. Buste à g. ℟. Couronne, palme, laurier, olivier. (1877, 77 a). Louis. XIII. Buste couronné à dr. ℟. Main céleste tenant tenant la Ste Ampoule. 1610. Autres, vue de la ville (7878 à 81). Arg. 7 p. B et TB.

1457 Louis XIV. Buste couronné à dr. ℟. Colombe apportant la Ste Ampoule et vue de la ville. 1654 (7887). Or. FDC. *Pl. XI.*

1458 Louis XV. Buste couronné à dr. ℟. Le Sacre. 1722 (7897). Or. TB. *Pl. XI.*

1459 Jetons, médailles et quelques refrappes (7876, 82 à 86 a, 88 à 96, 98 à 7916 a) Arg. 8 p. C. 32 p. Et. 2 p.

1460 *Archevêques*. Charles de Guise. Ses armes. ℟. CRESCAM ET TE STANTE VIREBO. Pyramide (7917). Arg. TB. Rare. *Pl. XI.*

1461 Même type. ℟. ADHASIT ANIMA MEA POST TE, 1571. Pyramide (7920). Arg. TB. Rare.

1462 — Autre, 1573 (7921). Arg. TB. Rare.

1463 Type du 1460 et variété (7918, 19). Louis II de Guise, 1578, 79, 81, 84, 88 (7922 à 26). — Ens. 7 p. C.

1464 Louis III de Guise. Ses armes. ℟. Couronne sous le chapeau cardinalice. 1614. (7928). Arg. B. Rare.

1465 — Même pièce. Autres, 1609, 1618 (7927, 29, 30). C. 3 p. B.

1466 Armand Jules de Rohan. Buste à g. ℟. La Paix et la Justice, 1757 (7931). Arg. TB.

1467 Ch. Antoine de la Roche-Aymon. Buste à dr. ℟. du précédent (7932, 32 a). Arg. et C. 2 p. TB.

1468 Buste à g. ℟. Même type, 1771 (7933). Oct. Arg. TB. Epreuve uniface de l'avers (7934). Et. — Ens. 2 p.

1469 Alex. Aug. de Talleyrand-Périgord. Buste à dr. ℟. du précédent (7935). Oct. Arg. TB.

1470 *Eglises.* Méreaux de St Rémi, de Notre-Dame. Jeton de Claude de Guise (7936 à 43). C. 7 p. Et. 1 p. *Université.* 1756 (7944 à 46). Arg. 2 p. C. 2 p. *Arquebusiers*, 1707 (7947). C. — Ens. 12 p.

1471 **Mézières.** *La Ville*, s. d. *Ch. de Gonzague*, 1615. **Rethel.** *La Ville*, 1622. **Charleville.** *Prix général*, 1671. *R. Coichon.* Ses armes. ℟. Aigle. TB. Rare. **Sedan.** *H. de la Tour.* Fruste. *Imitations* de jetons royaux. *Méreau*, 1639. (7949 à 76) C. 29 p. Et. 1 p.

1472 **Langres.** FVNDAMENTA EIVS IN MONTIBVS EIVS. Armes de l'évêché. ℟. CVI FIDES ET FORTITVDO. Femme tenant une clef; autour, LINGONIS (7981). C. B. Rare.

1473 *Jean Tabourot.* Ses armes. ℟. DVO VINCVLA FORTIORA VNO. 1566. Couronne formée de deux branches de laurier (7982). C. TB. Rare.

1474 *Méreaux* (7979 à 80 a). Pb. 1 p. C. 2 p. **Sens.** *Louis de Bourbon*, s. d. *Gondrin de Pardaillon*, 1657. *La Ville*, 1579 (7983 à 86). C. — Ens. 7 p.

1475. *Juges et consuls*, 1766. (7987, 89, 90). — Arg. 3 p. TB.

1476 *St Etienne.* Méreaux (7991 à 96) C. 6 p. Et. 1 p. **Provins.** *St Quiriace.* Méreaux (8015, 16). C. 2 p. — Ens. 9 p. B.

1477 **Meaux.** *Méreaux* variés (7997 à 8006) C. 11 p.

1478 *La Ville.* Types variés (8007 à 14). Arg. 1 p. C. 5 p. **Chateau-Thierry.** Cliché, 1771. *Notaires*, 1806. Armes royales. Refrappe (8022, 23). C. 2 p. — Ens. 8 p.

1479 **La Ferté sous Jouarre.** *Prix provincial*, 1766. Buste de Louis XVI. ℟. Armes de La Rochefoucault (8017). Arg. B. Rare.

1480 **Montereau.** *Prix provincial.* Buste de Louis XV. ℟. Armes de la ville (8021). Arg. B. Rare.

1481 **Vaucouleurs.** *Comtesse du Barry* (Marie Jeanne Gomard). Armes de la Comtesse du Barry et de ***. A l'ex., sur une banderole : BOUTEZ EN AVANT. ℟. Même banderole; monogramme dans une couronne (8024). Oct. Arg. TB. Très rare.

Pl. XI.

1482 **Personnages.** *Eustache Luillier.* GETTOUERS. DE. EVSTACE. LVILLIER. Ecu dans un trilobe. ℞. ICH. HEBS. VER. BEIT. Dragon (8025). Arg. TB. Très rare. *Pl. XI.*

1483 *Oudart Hennequin.* ENQVERIR PEINE A LE SERVIR. Armes d'Hennequin d'Equevilly (8026). C. B. Rare.

1484 *Claude de la Croix.* IN CRVCE DNI GLORIOR. Armes de la Croix de Semoine accostées de C D (8027). C. TB.

1485 *Ferry de Choiseul-Praslin*, abbé de St Martin de Troyes en 1591. Ses armes sur une crosse. ℞. SVPERANDA FERENDO EST dans un chapelet (8028). C. TB. Très rare.

1486 *Jean Godet de Reneville.* Ses armes. ℞. Dextrochère. *Brulart de Sillery.* Ses armes, 1605. *Guinot.* Ses armes, 1635. (8028 a, 29, 34). C. 3 p. AB. et B.

1487 *Luxembourg.* Le duc de Luxembourg et de Piney à cheval, 1627. *J. de Mesgrigny* et Hubert Renée de Bussy, 1642. *Conflans.* Ses armes. ℞. Ecu écartelé de Lattaignant, Poncet de la Rivière, etc. *Tibergeau* et Gabrielle Françoise Brulart. Octog. (8030, 36, 44, 53, 54). C. 5 p. B. et TB.

1488 *Turenne, Maréchal de Luxembourg, Colbert, Blondel, Robert Nanteuil, Barbier du Metz, La Fontaine* par Dassier (8031 à 33, 39 à 43, 45 à 48). Arg. 7 p. C. 5 p. TB.

1489 **Lot** de jetons et refrappes (7977 à 78, 88, 8012 à 14 a, 17, 18, 20, 37, 38, 49 à 52, 55 à 59 a). Arg. 4 p. C. 18 p. Et. 1 p. TB.

Orléanais

1490 **Ducs d'Orléans.** *Blanche de France.* LA DVCHESSE DORLIEIS. Ses armes. ℞. GETOIRS DE MADAME. Croix (8060). C.AB.

1491 *Charles d'Orléans.* MONSEIGNEVR DORLEANS. Ses armes. ℞. Croix cantonnée de quatre lis. Autre, croix de quatre clefs (8061, 62). C. 2 p. B.

1492 *Louis d'Orléans?* DENIERS MONS. Z. DORLIENS. Mêmes armes. ℞. Clef (8063). C. B.

1493 *Jean Dunois?* Tête de face. ℞. Armes de Dunois. C. B. Jeton fruste et rogné, mêmes armes. C. (8063 ab). — Ens. 2 p.

1494 *Louis d'Orléans*, 2e duc de Longueville. Ses armes. ℞. Croix cantonnée de 2 L et de 2 bouquetins. Autre; écu de France. ℞. Semblable. (8064, 65). C. 2 p. B. et TB.

1495 *Charles de France.* KAROLVS DVX AVRELIANENSIS. Le duc à cheval. ℞. FRANSICI FRANCORUM REGIS FILIVS. Porc épic. (8066). C. B. Rare. *Pl. XI.*

1496 CHARLES. DVC. DORLS. ET. DE. MILLAN. Ecu écartelé. ℟. CHAMBRES DES COMPTES DE. Porc épic sur une base portant 1543 (8069). Arg. TB. Rare. *Pl. XI.*

1497 — Autre. ℟. OMNIA SECVM. Même type, 1541 (8067). Arg. B. Rare.

1498 — Même pièce. Autre, 1545; armes entourées du collier de St Michel. (8068, 70). C. 2 p. B.

1499 *Léonor de Longueville.* LEONOR. DVC. DE. LONGVEVILLE. ET. DE. TOVTEVIL. Ecu écartelé. ℟ SVB SOLE SVB VMBRA VIRENS 1570. Bouquetin couché dans un enclos (8071). Arg. TB. Très rare. *Pl. XI.*

1500 — Variété, s. d. Autre; armes primitives de Léonor de Longueville. ℟. Armes de Marie de Bourbon, comtesse de St Pol (8072, 73). C. 2 p. AB. et B.

1501 *Gaston d'Orléans.* CHAMBRE AVX DENIERS D. M^{R}. FRERE VNIQ. DV. ROY. Ses armes. ℟. REGI. ERIT. VNVS. VTRVMQVE. Ecu traversant un bouclier sous une couronne (8075, 76). Arg. et C. 2 p. TB.

1502 Etoile du matin, 1617. Zodiaque, 1620. Soleil éclairant la lune, 1622. (8077, 79, 81). Arg. 3 p. TB.

1503 Soleil et astres, 1621. Arg. Ebréché. (8080). 1618, 23, 24 (8078, 82, 83). C. 3 p. *Philippe de France*, s. d , 1649 (8084 var. et 85). C. — Ens. 6 p. B. et TB.

1504 *Henri d'Orléans*, duc de Longueville. Ses armes. ℟. Mars, 1623 (8086). Arg. TB.

1505 Ses armes. ℟. Allée du Colombier, 1657 (8091). Arg. TB. Rare.

1506 *Marie d'Orléans*, princesse de Longueville. Ecu en losange. ℟. Femme tenant deux lis (8087). Arg. B. Rare. *Pl. XI.*

1507 *Philippe d'Orléans*, régent. Hercule portant le globe, 1716. Arg. Grand jeton à sept pans, sans légende. C. (8096, 99). — Ens. 2 p. TB.

1508 *Louis d'Orléans*, grand maître du Mont-Carmel et St Lazare. Buste de Louis XV. ℟. LOUIS DUC D'ORLEANS GRAND MAITRE. Ses armes (8100 à 100^{c}). Arg. 6 p. B. et TB.

1509 *Lot.* Le Régent, par Dassier; Philippe-Egalité, par Loos. Arg. Jetons et refrappes. (8088 à 90, 91^{a} à 95^{b}, 96^{a} à 98^{a}, 8100^{f}). Arg. 3 p. C. 13 p. Et. 3 p. B. et TB.

1510 **Orléans**. Jetons de la ville, dates variées (8101 à 15). C. 16 p. B.

1511 *Maires.* DE LA MAIRIE DE MR COLAS DANJOUAN CON^{ER}. 1739. Ses armes. ℟. ME VINDICE LILIA FLORENT. La Pucelle tenant l'écu d'Orléans. (8121). Arg. TB.

1512 Colas de Mondru, 1745. Même type (8125). Arg. TB.
1513 Hudault, 1742 (8123). Arg. TB.
1514 Berthereau de la Giraudière, 1751. Tassin, 1754 (8130, 32). Arg. 2 p. TB.
1515 Colas des Francs, 1760; Arg. Le Juge de Bazoches, 1763; C. doré. (8135, 37). — Ens. 2 p. TB.
1516 Raimond Massuau, 1768. Hudault, 1774. (8139, 42). Arg. 2 p. TB.
1517 Jacques du Coudray, 1777. Lamyrault de Cottinville, 1777. Seurrat de Guilleville, 1780. (8144, 46, 48). Oct. Arg. 3 p. TB.
1518 Massuau de Laborde, 1783. Grignon de Bonvalet, 1786. (8149, 51). Oct. Arg. 2 p. TB.
1519 *Notaires*. Buste lauré, drapé de Louis XV. Signé R. FIL. ℟. LEX EST, etc. Ecu de France. A l'ex. : CONSEILLERS DV ROY NOTAIRES AV CHATELET DORLEANS. (8153 [a]). Arg. TB. Rare. *Pl. XI.*
1520 — Autre, signé *R. filius* (8154). Arg. TB. Rare.
1521 Tête de Louis XVI, cheveux noués, n. s. (8155) Arg. TB.
1522 Autre, signé DU VIV. ℟. Même type. A l'ex. : NOTAIRES AU CHATELET D'ORLEANS (8156). Arg TB.
1523 — Même pièce (8157). C. AB. Rare.
1524 Buste habillé de Louis XVI, signé DU VIV. (8158). Arg. TB.
1525 *Marchands de la Loire*. POUR LA COMM. D. MARCH. FREQ. LA R. D. LOYRE. Fleuve couché. ℟. Vue d'Orléans. 1735, 1739. *Pont*, 1760. Fleuve. ℟. Le pont d'Orléans. (8176 à 79). Arg. 4 p. TB.
1526 *Chambre des Chaussées*, 1576, 86, 1628, 29, 47. *Marchands de la Loire*, 1597, 1625, 53, s. d. (8161 à 75). *Collège*. Louis XV. *Pacte fédératif*, 1790. (8159, 60, 60 [a]). C. 18 p. B. et TB.
1527 **Cléry**. Méreau de N. D. (8180) Pb. **Boigny**. *P. Perrot*, échevin de la ville de Paris. (8180 [a]). **Montargis**. *F. Fadeau*, 1661 et s. d. (8187 à 89). — Ens. C. 4 p. Pb. 1 p. B et TB.
1528 **Briare**. VIS CONIVNCTA MAIOR 1617. Deux fleuves. (8182). Arg. B.
1529 Méreau, 1606. C. Jetons du canal, 1742 aux armes du duc d'Antin. Arg. et C. Autre, an 10. Arg. (8181, 83 à 86). — Ens. Arg. 2 p. C. 3 p. B. et TB.
1530 **Personnages**. *Louis de Villebresme*. GECTONS A MAISTRE LOIS DE VILLEBRESMES. Ses armes. ℟. DV ROY FRACCIS PMIER DE CE NOM. Salamandre (8192). C. B. Rare.
1531 *Fr. Garrault*, 1578. Ses armes. ℟. David jouant de la harpe. *Guillaume de Rivaulies* et Louise de Racine. *Antoine Algo*, élu de Chateaudun. Fruste. *Malier du Houssay*, 1625. *Amelot de Bisseuil*, 1642. *Denis Peteau*, par Dassier. (8193 à 98). C. 6 p.

1532 *Félibien des Avaux.* Son buste, 1695. ℞. Armes de Joach. de Bruet et de sa femme, 1700. Armand de Pré de Laveville et sa femme. ℞. du précédent. *Fr. Garnier* et Suzanne Péan, 1727 (8199 à 8201). C. 3 p. B. et TB.

1533 **Lot** de jetons et refrappes (8117 à 20, 22, 24, 24 a, 26 à 29, 31, 33, 34, 36, 38, 40, 41, 43, 45, 47, 50, 52, 53, 59 a, 90, 91, 8202). Arg. 2 p. C. 26 p. TB.

Blaisois

1534 **Blois.** *Maison commune*, 1557, 95, 1630, 36 et s. d. *Chambre des comptes*, 1561, 75 et s. d. (8204 à 19, 21 à 25). C. 22 p.

1535 Ecu de France. ℞. TOVT PAR COPYE NOBRE ET MESVRE 1553 (8220). C. TB.

1536 Ecu de Blois, 1775. ℞. PRO OFFICIIS PETRI BOUCHERAT SCABINI (8226). Arg. TB. Rare.

1537 **Noblesse.** *Jacques Hurault.* JAQVES HVRAVLT TRESORIER DE FRANCE. Ses armes. ℞. DV ROI LOVIS DOVZIESME DE CE NOM. Champ fleurdelisé (8227). Arg. TB. Très rare. *Pl. XI.*

1538 *Jean Seigneuret.* Ses armes. ℞. CAMERA COMPVTOR REGIORVM BLESIS. Ecu de France (8229). C. TB. Rare.

1539 *Jeanne de Blois*, duchesse d'Arschot. Armes de la duchesse et de son mari, 1595. ℞. Buste de Ph. de Croy (8230). C. TB.

1540 *R. Phelipeaux d'Herbault.* Ses armes. ℞. HIS IVVAT IGNIBVS VRI 1622. Amours brulant un phénix sur un autel (8235). Arg. TB. Rare. *Pl. XI.*

1541 *Jean Phelipeaux de Villesavin.* Ses armes. ℞. TRANQVILLITATE FIT SPECVLVM. 1632. Lis sur une vasque (8236). *Philippe Hurault de Cheverny.* Ses armes. ℞. Etoiles au-dessus d'une ville (8228). C. 2 p. TB.

1542 *Lot* de jetons et refrappes (8231 à 34, 37 à 39). Arg. 1 p. C. 6 p. AB. et FDC.

Pays Chartrain

1543 **Chartres.** *La Ville.* 1689. Nicole, 1697 (8240, 41). C. 2 p. TB.

1544 *Notaires.* Tête de Louis XVI, cheveux noués, n. s. (8244). Arg. TB.

1545 — Buste cheveux non attachés, n. s. (8245). Arg. TB.

1546 — Même pièce (8246). C. TB. Rare.

1547 — *Fleuriau d'Armenonville*, gouverneur de Chartres, 1703. Ses armes. ℞. Inscription. (8252, 53). Arg. et C. 2 p. B et TB.

1548 *Eglises.* Méreaux de la Confrairie de la Ste Chemise (8247, 48). C. 2 p. B.

1549 VICTRIX FORTVNE PATIENTIA. Armes de Guillard, évêque de Chartres. ℟. Pélican (8249). C. TB. Rare.

1550 — Variété, même type (8250). C. B. Rare.

1551 **Châteaudun**. *S. de la Brière*, 1577 (8234). C. Ebreché. **Epernon**. *Louis de Lavalette*, 1599 (8255). C. B. — Ens. 2 p.

1552 **Noblesse**, *Anne d'Este*. A. DEST. DVCHESSE D. NEMOVRS. ET. D. CHARTRES. Ses armes. ℟. Soleil sur un paysage, 1601. (8256). Arg. TB. Rare. Trou bouché.

1553 *Felibien des Avaux*. Son buste, 1695. ℟. Armes d'And. Felibien et de sa femme. Autre, armes d'I. F. Felibien et de sa femme, 1712. Armes d'A. de Pré de Lovaville et de sa femme, 1710. ℟. Armes d'And. Felibien et de sa femme. (8258 à 60). C. 4 p. TB.

1554 — Même pièce (8261); *Nicole*, 1697 (8242). Refr.? C. 2 p. *Chartres*. La Ville. Louis XVI. (8243). Arg. — Ens. 3 p. TB.

Vendomois

1555 **Vendôme**. DE MONSIGNEVR LE DVC DE VENDOSME. Ecu accosté du monogr. FR. ℟. POVR LA CHAMBRE DES COMPTES. Croix cantonnée du monogr. (8262). C. B. Rare.

1556 CHARLES DVC DE VENDOSMOYS. Ses armes. ℟. PER. DE. FRANCE. CONTE. DE. MARLE. SOI. Loup à g. (8263). C. B.

1557 ANTOINE DVC DE VENDOSMOYS. Même type (8265). C. TB.

1558 — Variété (8264). *Charles*, cardinal de Vendôme, 1587 et évêque de Saintes, s. d. (8266, 67). C. 3 p. AB. et B.

1559 *Notaires* de l'arrond. (2868). Oct. Arg. **Romorantin**. Méreaux (8269 à 71). C. 3 p. — Ens. 4 p.

Maine

1560 SIMON TESTV RECEVEVR DV MAYNE. Ses armes. ℟. CLERC DES OFFICES DE LOSTEL DV ROY. Ecu de France accosté d'un F et d'une Salamandre (8277). C. B. Rare.

1561 IEHAN DE TEVALLE. Ses armes. ℟. DEO ET REGI 1572. Trophée. (8278). Arg. TB. Rare. *Pl. XI.*

1562 — Même pièce (8279). MR F. BARON D'AVERTON C. D. BELIN G^D D. PARIS. Ses armes. ℟. Armes de Paris (8281). C. 2 p. B.

1563 IEHAN DE DAILLON CONTE DV LVDE. Ses armes. ℟. FORTVNAM VIRTVTE LVDE. La Fortune (8280). C. B. Très rare. *Pl. XI*

1564 MRE C. PERROCHEL SR D. GRAND CHAMP C. D. ROY. EN S. CLS G. AVD. D. FR. Ses armes. ℟. BINOS CONCORDIA IVNXIT. M. VARELET. DE. GIBECOVR. Ses armes (8282). Arg. TB. Rare. — Même pièce. C. (8283). AB. — Ens. 2 p.

1565 LOVIS F. DE BOVCHET MARQ. DESOVRCHES G. PREV. DE FRA. Ses armes. ℟. ATRAHE SEQVAR. Vapeurs s'élevant vers le soleil, 1686, 1700. (8284, 86). Arg. 2 p. B. et TB.

1566 — Même pièce. Refr. *René de Froullay de Tessé*, 1708. *Louis Aug. de Bourbon*, duc du Maine. *Le Peletier de Rosambo*. Refr. (8285, 87 à 91). *Jetons du Moyen-Age* au type de la Couronne (8272 à 76). — Ens. 11 p. C. B. et TB.

Touraine

1567 **Tours.** *Maires*. J. du Faultrey, 1581. Pierre Cohen, 1585. Jean Lucas, 1586. Julian Chaloppin, 1587. Jean Leblanc, 1589. Claude Cotereau, 1590-91; Ses armes. Autre; labyrinthe (8299 à 8305). C. 7 p. AB. et B.

1568 Fr. Maille, 1592. César Forget, 1593-94. Victor Brodeau, 1595, Eustache Gault, 1596. Charles Bouët, 1597. Aule Gallant, 1598, 2 p. variées. Jean Forget, 1599. (8306 à 13). C. 8 p. B et TB.

1569 — Jean Tardif, 1600. Jérôme Binet, 1601. Jean Salvert, 1602. Ant. Barré, 1603. Horace Desjardins, 1604. Thomas Bonneau, 1605. Jacques Houdry, 1606, 2 p. Jean Gault, 1607 (8314 à 22). C. 9 p. B. et TB.

1570 Michel Maldant, 1608. Jean Rogier, 1609-10. Fr. de Vaux, 1611. Et. Pallu, 1612; 1613. René Sain, 1614; variété : centre du jeton. Ch. Boutault, 1615-16. Nicolas Joubert, 1616-18. (8323 à 31). C. 9 p. B. et TB.

1571 Jean Leblanc, 1619. Jacques Gaultier, 1620-21. Jacques Richard de Fleury, 1622-23. Cl. Dumoulin, 1624. Thomas Bedacier, 1625-26. Nicolas Joubert, 1627. César Cotereau, 1628-29. Et. Pallu, 1630. Fr. Morin. 1631. Gilles Dupuy, 1631-32 (8332 à 41). C. 10 p. B. et TB.

1572 Georges Catinat, 1633-34. René Chauvet, 1635-36; 1636-37. Ch. Pequineau, 1637. Pierre Le Blanc, 1638. Nicolas Leroux, 1639, 2 p. Jean Patrix, 1644. Jacques Bouet, 1646. Isace Touchelée, 1653. Charles Mathé, 1664. (8342 à 52) C. 11 p. B. et TB.

1573 Fr. Nicolas Preuilly, 1755. Jean Joseph Aubry, 1762. Jacques Cormier, 1764. (8354, 55, 57). Arg. 3 p. TB.

1574 René de Cop de Pocé, 1765. Michel Banchereau, 1771; 1776. (8359, 61, 62). Arg. 3 p. TB.

1575 Louis Benoist de la Grandière, 1769. Et. Jacques Christophe Benoist de la Grandière, 1780, 2 p. variées; 1785. (8360, 64, 66, 67). Arg. 4 p. TB.

1576 *Notaires.* Tête de Louis XV. ℞. La Justice et la ville se donnant la main (8374). Arg. TB. Rare. *Pl. XII.*

1577 — ℞. du précédent. Uniface (8375). Et. TB.

1578 *Archevêques.* LE NOM DE LIS AMI 1558. Ecu de France. ℞. ARCHIEPIS. TVRON. Armes de Simon de Maillé (8382). Arg. TB. *Pl. XII.*

1579 — Même pièce. Etienne de Poncher. Ses armes. ℞. Personnage deb. bénissant. (8383, 81). C. 2 p. B.

1580 *Divers.* Méreaux, jetons et refr. (8353, 56, 58, 63, 65, 66 a, 68 à 73, 76 à 80). C. 13 p. Et. 4 p. B. et TB.

1581 **Personnages.** *Jean Cotereau.* M. IEHAN. COTEREAV. TRESORIER. DÉ. FRAN. Ses armes. ℞. REDDE QVE SVNT CESARI CESARI QI SVNT DEI. Ecu de France. (8389). Arg. Très beau et très rare. *Pl. XII.*

1582 *Henri Bohier.* HENRI BOHIER GENERAL D. FRANCE. Ses armes. ℞. Ecu de France-Dauphiné. *Antoine Bohier.* ANTHOINE. BOHIER. BARO. DE ST CIRGNE. Ses armes. ℞. Salamandre (8295, 98). C. 2 p. B.

1583 ANTHOINE. BOHIER. CHLR. SR DE. CHESNAYE. Ses armes. ℞. Salamandre (8296). C. TB. Rare.

1584 — Même pièce (8297). *Pierre Bérard,* AV. S. DE BLERE ET DE CHISSE. Ses armes. (8385). *Jean Ruzé.* M. IEHAN RUZE GENERAL. Champ semé de lis. ℞. Ses armes. (8292). *Jean Briçonnet.* président de la ch. des comptes de Paris (8293). *Pierre Briçonnet* (8294). — Ens. 5 p. C. AB. et frustes.

1585 *N. de la Primaudaye.* DAMI DELOYAL PAS NAY CVRE. Ses armes. ℞. SOVFFRIR ME VAILLE N. DE LA P. Croix cantonnée de N. D. L. P. (8392 a). C. B. Rare. *Pl. XII.*

1586 *L. J. M. de Bourbon, duc de Penthièvre.* Ses armes. ℞. TOURAINE. (8384 a). Arg. *Indéterminé.* (8392).C. *François d'Alençon.* Ses armes. ℞. Armes de Tours (8393, 94). Arg. et C. *Bonneau.* Tête de Louis XIV. ℞. Ses armes (8404, 5). Arg. et C. — Ens. 6 p. AB. B. et TB.

1587 *Antoine Ruzé d'Effiat.* Ses armes. ℟. CVM FVGVRE FVLMEN 1631. Dextrochère. (8398). Arg. TB.

1588 Types variés, 1629, 1630, 1632 (8395 à 97, 99, 8400). Arg. 1 p. C. 4 p. *Martin Ruzé,* 1633. (8401). C. *Marc René de Voyer d'Argenson,* 1718. Ses armes. (8408) C. — Ens. 7 p.

1589 *Lot* de jetons et refr. (8384, 88, 90, 91; 8402, 6, 7, 9 à 16). Arg. 3 p. C. 12 p.

Anjou

1590 **Comtes et ducs.** Jetons du Moyen-Age, sans lég. attribués à Charles I, Louis II d'Anjou, Yolande d'Aragon, Charles III de Duras, Gersans, René d'Anjou (8418 à 20 a, 24). C. 7 p. Et 1 p.

1591 *Chambre des comptes.* NVMERANDI : CA : HI : CALCVLI : CVSSI : FV. Croix à double traverse. ℟. IVSSV : LVDOVICI : XII : FRANCOR : REGIS. Champ semé de lis. (8425). Arg. B. Très rare.
Pl. XII.

1592 POVR LE VRAI SAVOIR. Champ parti de Jérusalem et d'Anjou-Sicile (8421 à 23). *François I.* Jean Belhomme. *Hercule François d'Alençon,* 1563. *Henri d'Anjou,* 1568, s. d., 1570, 72, 73. (8426 à 32, 34, 35). C. 12 p.

1593 NIHIL MAGNVM INCONSVLTO. Armes du duc. ℟. INSTANT MAIORA PERACTIS 1571. Femme dans un bige (8433). Arg. TB. Rare.
Pl. XII.

1594 HENRICVS DVX ANDEGAVENSIS. Même écu. ℟. ΒΕΒΑΙΟΝ ΕΙ ΕΥΒΟΥΛΟΝ. Tête de Janus sur une gaine. (8435 a). Arg. TB. Rare.
Pl. XII.

1595 *Philippe d'Anjou.* PHILIPPE DE FRANCE DVC D'ANJOU. Buste à g. ℟. *JE SVIS LE ROY D'ESPAGNE MDCCI.M. JAN.* (8440). Jeton fr. à Rouen pour l'avènement de Philippe au trône d'Espagne (8436). Arg. 2 p. TB.

1596 Marie Louise Gabrielle de Savoie. Buste à g. ℟. La lune, 1702 (8444). Arg. TB.

1597 *Lot* de jetons, refrappes et médaille de Philippe et de Louis Stanislas Xavier. (8437 à 39, 41 à 43, 44a à 53). Arg. 8 p. C. 12 p.

1598 **Angers.** *Maires.* Nicolas Cupif, 1671. Jacques Charlot, 1685. Fr. Grandet, 1692. (8457, 62, 66). Arg. 3 p. B. et TB.

1599 Fr. Raymbauld de la Foucherie, 1696 et 1701 (8469, 71). Arg. 2 p. TB.

1600 F. Poullain de la Forestrie, 1707. F. Jourdan, 1711. (8477, 81). Arg. 2 p. TB.

1601 Michel Falloux, ANNO PACIS 1714 (8484). Arg. TB.

1602 René Robert, 1720, 1724, 1729. (8486, 89, 92). Arg. 3 p. TB.

1603 Fr. Boucault, 1733. Germain Fr. Poulain, 1737. (8495, 97). Arg. 2 p. TB.

1604 Marin Jallet de la Veroullière, 1743. (8500). Arg. FDC.

1605 René Romain de la Posonière, 1747. (8502). Arg. TB.

1606 François Charles Pays Duvau, 1751. (8503). Arg. TB. Rare.

1607 Vincent Benoist, 1755 (8507). Jacques François Gourreau, 1758 (8508, 9^{a}). Arg. 3 p. (dont 2 indiquées RF). TB.

1608 Jean Fr. Allard, 1777. Jacques Boullay Dumartray, 1781. René Bucher, 1785. (8514, 16, 17). Arg. 3 p. TB.

1609 Boylesve, 1638. Gohin, 1655. Eslye, 1661. Cupif, 1671. Poisson, 1677. Lezineau, 1681. Charlot, 1685. Renou, 1689. Grandet, 1692. Raymbauld, 1696, 1701. (8454 à 56, 58 à 61, 63 à 65, 67, 68, 70, 72, 73). C. 19 p. B. et TB.

1610 Poullain, 1707. Jourdan, 1711. Falloux, 1714. Robert, 1720, 1724, 1729. Boucault, 1733. Poulain, 1737. Jallet, 1743. Romain, 1747. Pays, 1751. Benoist, 1755. Gourreau, 1758. Gaudicher, 1763. Allard, 1777. Bucher, 1785. (8478 à 80, 82, 83, 85, 87, 88, 90, 91, 93, 94, 96, 98, 99, 4501, 2^{a}, 4 à 6, 9 à 13, 15, 17^{a}). C. 26 p. Et. 2 p. Quelques refrappes.

1611 *La Ville*. Louis XIV, 1702, 1705, s. d. (8518 à 21). Arg. 3 p. C. 1 p. TB.

1612 Louis XV, s. d. (8522 à 33). Arg. 11 p. C. 1 p. Louis XVI; refr. C. — Ens. 13 p. B. et TB.

1613 **Beaufort.** CATH. DE BOVRBON M. DISLE C. DE BEAVFO^RT^. Ses armes. ℟. EX HIS TIBI NECTE CORONAM 1588. Main tenant un miroir. (8536). Arg. TB. Rare. *Pl. XII.*

1614 — Même pièce (8537). **S^T^ Maur.** Méreaux de St Benoit (8538 à 43). **Personnages**. *Bouilleau*, *Ménage*, *Mme Dacier* par Dassier (8551 à 53, 5). Arg. 2 p. C. 2 p. — Ens. 12 p.

1615 P. DE. DONADIEV. LIEVTEN. DE. ROY. EN. ANIOV. Ses armes. ℟. THEMIS CVM PACE RESVRGIT. La Paix relevant la Justice. 1600 (8547). Arg. TB. *Pl. XII.*

1616 — Même p.s.d. et hybride *Mathurin de Broc* et Loyse de Laverdin. *P. de Clermont*, receveur, 1581. *L. Davy*, receveur, 1594. *Dominique Bouffet*, s.d., 2 variétés. *Guyon de Sardières*. (8544 à 46, 48 à 50, 53^{b}). C. 8 p. *Bignon*. Refr. (8553^{a}). Arg. — Ens. 9 p.

Bretagne

1617 **Noblesse.** *Pierre du Vay*. FAVLT. BIEN. ENTENDRE. ET. PO. PARL. Ses armes. ℟. POVR. BIEN. GETER. ET DESGITER. Ecu de Bretagne. (8557). Arg. B. Très rare.

1618 *Raoul de Refuge*. RAOVL DE REFVGE MAITRE DE. Ses armes. ℟. COPTES DV ROI CHLES SEPTIEME. Croix fleuronnée. (8562). Arg. TB. Extrêmement rare. *Pl. XII.*

1619 *Pierre Bureau*. PIERRE : BVREAV : CHLR : SEIGNEVR : Ses armes. ℟. DE : MOTGLAT : TRESORIER : DE : FRANCE. Sur champ d'hermines K couronné; au-dessus, 89 pour 1489. (8563). Arg. TB. Très rare. *Pl. XII.*

1620 ***Anne de Bretagne***. ANNE DVCHESSE DE BRETAIGNE. Ecu de France-Bretagne. ℟. POVR SERVIR ALESCVIRIE DE LA ROINE. Cheval caparaçonné à g. sur champ d'hermines et de lis (8564). Arg. Très beau et rarissime. *Pl. XII.*

1621 LVDOVICVS FRANCORVM REX XN. Ecu de France-Bretagne entouré d'une cordelière. ℟. PRO GENTIBS COMPOTOR BVRG. Ecu de France. (8569). Arg. TB. Très rare. *Pl. XII.*

1622 *Fr.Le Saux*. FRANCOIS LE SAVX SOIS FRANC LEAUX. Ses armes. ℟. POVR LES COMPTES DV ROI EN BRETAIGNE. Targe et champ mi-fleurdelisés, mi-herminés. (8568). Arg. TB. Extrêmement rare. *Pl. XII.*

1623 *Robert Milon ?* NVL GVE MOY LES TOVCHE. Ecu entouré d'une cordelière. ℟. G. POVR LES GES DES COPTES DE BRET. N. Champ semé d'hermines. (8569 [a]). Arg. B. Très rare. *Pl. XII.*

1624 ***Amaury de Craon***, lieutenant du roi en Anjou (8561). ***Indéterminé*** et jeton attribué à Lalande du Loir. (8561 [a], 58). C. 3 p. B.

1625 ***Guillaume de Beaune***, l'un des gens des comptes de Bretagne. B. Rare ; troué. ***Guiot***, contrôleur de la Chancellerie. ***Philibert de Chalon***, prince d'Orange. ***Philippe de Croy*** et Anne de Croy, 1541. TB. (8567, 70 à 72). C. 4 p.

1626 ***Guy de Laval***. GVY CONTE DE LAVAL SEIGNR DE LAVTREC. Ses armes. ℟. Aigle essorant à g. (8573). C. B. Rare.

1627 ***Leonor de Longueville***. LÉONOR DVC DE LONGVEVILLE. Ses armes. ℟. IAQVELINE DE ROHAN MARQ. DE ROTH. Ses armes. (8575). C. B. Rare.

1628 ***Henri, dauphin***, duc de Bretagne. Ses armes. ℟. Croissant. Autres ; ℟. Croissant et globe sur un cartouche ; ℟. Arc et flèches (8577 à 79). C. 3 p. B. et TB.

1629 Le dauphin à cheval. ℟. DEXTER EQVIS ARMISQVE POTENS. Ecu sur un trophée (8580). B. Ecu formé de trois croissants. ℟. Cheval. (8581). AB. — Ens. 2 p. C.

1630 *Catherine, dauphine.* Ses armes. ℟. Rouet. B. Autre, fruste (8582, 83). C. 2 p.

1631 *Renée de France.* MADAME RENEE DE FRANCE. Ecu de France. ℟. IACQUES NIVART TRESORIER. Ses armes (8584). B. Autre; ℟. LOYS GARGVILLAVLT CLER DOFICE. Ses armes (8585). AB. — Ens. 2 p. C.

1632 RENEE D. FRACE DVCHESS D. FERRARE ET D. CHRS. Ecu parti de Ferrare et de France. ℟. IN DOMINO CONFIDO. Armes de Fumée. (8586). Autre, écu losangé de France (8592). C. 2 p. AB.

1633 Ecu parti de France-Ferrare. ℟. CONTESSE DE GISORS ET DAME DE MONTARGIS. Grand R couronné sur champ de lis et d'hermines (8587). — Autre, avec le titre de douairière de Ferrare (8588). C. 2 p. AB et B.

1634 RENEE DE FRANCE DVCHESSE DE FERRARE. Ecu losangé de France. ℟. ET DE CHRES CONTESSE DE GISORS DAE DE MOTARGIS. Grand R couronné sur champ d'hermines. (8590, 91). C. 2 p. variées. B.

1635 Même type. ℟. VINCENT LEPIFFRE CONTREROLLEVR. Ses armes (8593). C. TB. Rare. *Pl. XIII.*

1636 — ℟. I. GVEFFIER. M. DE. LA CHAMBRE AVX D. Palmier entre un oiseau et un lion. (8594). C. B. Rare.

1637 RENATA FRANCIE FERRAR. Ecu parti de France-Ferrare. ℟. CARNOTENO DVCISSA. Dans une cordelière R couronné. (8589). COS. ET. RATIOIB. GALL. SEREN. DVC. FERR. CARN. ET. C. Ecu écartelé. ℟. Navire. (8595). Troué. — Ens. 2 p. C. B.

1638 *Antoine Bullioud*, général de Bretagne (8596). AB. *Louis de Carnaset.* Ses armes (8576). B. — Ens. 2 p. C.

1639 *Sanzay*, 1577. Fabrique de Nuremberg. (8597). Charlotte de Thays, comtesse de Sanzay, 1573. (8598). C. 2 p. B. et TB.

1640 *Robert de la Vieuville.* Armes accolées, 1578. *Marquis d'Espinay*, comte de Durestal. Mariage avec Marg. de Scépaulx, 1578. *N. Coustureau de la Jaille*, président des comptes, 1582. (8602, 3, 8). C. 3 p. B.

1641 *Louis, cardinal d'Este*, 1579, 1586. *Jacques de Savoie* et Anne d'Este. *Anne d'Este,* duchesse de Genevois et de Nemours. (8604, 6, 9, 10). C. 4 p. AB. et B.

1642 *Mercœur.* VNIONIS SANCTAE VOTVM HIS ARMIS. Armes de Philippe Emmanuel de Lorraine, duc de Mercœur surmontées d'un autel tenu par deux mains célestes. ℟. CONSILIOQVE. PATRIAE. NITITVR. 1595. Champ herminé. (8614). Arg. B. Rare. *Pl. XIII.*

1643 *Jacques Hérisson.* M. IACQVES HERISSON FONDER DE L'ARRIE DV ROY. Ses armes. ℞. VNDIQVE TVTVS 1598. Chasseur et ses chiens attaquant un hérisson (8615). Arg. TB. Rare. *Pl. XIII.*

1644 *Chambre des comptes.* Ecu écartelé de France-Bretagne. ℞. Trois couronnes, 1577. (8599). Arg. TB.

1645 — Même p. Autres, 1578, 80, 87, 89; 1611, 17. (8600 à 1 a, 5, 7, 11 à 13, 18, 19, 23). Arg. 1 p. C. 10 p.

1646 Louis XIII. Arrivée en Bretagne, 1615. *N. Potier*, 1602. *M. de Scepaulx.* Fruste. *Ch. de la Vieuville*, 1640. *Th. Morant* et Catherine Bordier, 1643. *Goyon-Matignon*, 1653. (8620, 21, 16, 17, 24, 28, 41, 42). C. 8 p.

1647 *Impots et billots*, 1641. Arg. et C. 2 p. *Chambre de justice*, 1645, Arg.; 1647, C. (8625, 26, 29, 33, 34, 38). — Ens. 6 p. B. et TB.

1648 IVSTITIA ELEVAT GENTEM PROVB. XIIII. La Justice deb. ℞. Ecus accolés, dont l'un de Boisgelin? 1651. (8640). Arg. B. Rare.

1649 *Maréchal de la Porte de la Meilleraie.* Artillerie de France, 1647. Arg. — Autre, s.d. ℞. Armes d'Ant. Le Camus. C. (8630, 31). 2 p. B. et TB.

1650 *César de Vendôme.* Son buste. ℞. Hermine, 1647. Arg. et C. *Rohan-Chabot.* Ecus accolés. ℞. Hermine. Arg. (8635, 36, 39). 3 p. Refr. anciennes.

1651 *Basile Foucquet,* abbé de Barbeaux et de Nouailles. Ses armes. ℞. Ecureuil, 1655. (8647). Arg. B. Rare.

1652 *Nicolas Foucquet.* NIHIL ALTIVS AMBIT. Ecureuil au sommet d'une tour. 1659, 60 et s. d. 4 p. *Marquise de Sévigné*, 1696. *Potier duc de Gesvres*, 2 p. (8648 à 51 a, 59, 63, 64). C. 7 p. B. et TB.

1653 *René de Montboucher,* marquis de Bordagne. Ses armes. ℞. Marmite, 1661. (8653, 54). Arg. et C. 2 p. TB.

1654 *Henri le Bouthillier.* Ses armes. ℞. Foi, 1686. Arg. et refr. C. (8657, 58). 2 p. TB.

1655 *Louis de Rohan* et Marie Elisabeth Crespin. Ecus accolés. ℞. TEL DV CŒVR QVE DV BEC 1697. Aigle (8660). C. TB. Rare.

1656 *Charles Aug. de Matignon*, 1700. *Marquis de Pontcalec,* s. d. (8661, 66). C. 2 p. TB.

1657 *Naissance du duc de Bretagne* et du prince des Asturies. Jeton des Etats du Languedoc, 1708. Tête de Louis XIV. ℞. Plant de lis (8662). Arg. B. Rare.

1658 *Acigne et Kervénec.* Ecu à leurs armes. ℞. Hermine passant. 1655 (8669). Arg. TB. Rare.

1659 *P. Martel* et Elisabeth M. Fr. de Litolphy-Marony (8671). Arg. TB.

1660 — Même p. *Alain de Rohan-Chabot* et Françoise de Roquelaure. Oct. *Des Vaux de la Coudre* et d'Osbert. Ecus accolés. ℟. JUNGIT ET INFIAMMAT. Amour tenant deux cœurs (8672 à 74). C. 3 p. TB.

1661 *Menou de Keramel.* Ses armes. ℟. ANTIQVO FEDERE NOSTRA. Armes accolés de France et de Bretagne (8689). Oct. Arg. TB. Rare. *Pl. XIII.*

1662 *Veischer de Celles.* Ses armes. ℟. DUM PREMITUR FORTIOR (8702). Oct. Arg. TB. Rare. *Pl. XIII.*

1663 *Louis de Rohan-Chabot.* Ses armes. ℟. ET ADHUC SPES DURAT AVORUM. Rameaux poussant sur un arbre mort, 1792. (8703). Oct. Arg. TB. Rare. *Pl. XIII.*

1664 *L. J. de Madaillan*, 1717. *La Havardière.* Rente du chat, 1708, 45, 47, 53, 68, 71, 82. Poisson, 1753, 59. *Duc d'Aiguillon.* Fruste. (8677, 81 à 88, 90). C.

1665 **Etats de Bretagne.** TRESORIER DES ESTAZ DE BRETAGNE 1594. Armes de Jean Loriet de la Noue. ℟. Hermine. (8705). C. argenté. B. Rare.

1666 CALCVLI COMITIARVM BRITANIÆ. Ecu écartelé de France-Bretagne. ℟. Hermine (8710). Arg. TB.

1667 Jetons des états, s d., 1655, type du précédent (8706, 9, 12). Arg. 3 p. TB.

1668 1679. Buste de Louis XIV. ℟. Hermine. 1681, 1683; autres bustes. ℟. Ecu de France-Bretagne. (8714, 16, 17). Arg. 3 p. TB.

1669 1685, 87, 89. Même type. (8718, 20, 21). Arg. 3 p. TB.

1670 1689. Ecu. ℟. Hermine couchée. B. 1691. Buste. ℟. Ecu. 1693. Statue équestre de Louis XIV. ℟. Ecu. (8722 à 24). Arg. 3 p. B. et TB.

1671 S. d. Tête de Louis XIV. ℟. Ecu. 1701, 1703; Même type. (8725, 27, 28, 31). Arg. 4 p. TB.

1672 1705, 1707, 1709, 1711, 1713, 1715; même type (8732 à 37). Arg. 6 p. TB.

1673 1717, 22, 24, 26, 32, 34, 36. Buste de Louis XV. ℟. Ecu. 1729; reconstruction de Rennes. 1730; naissance du Dauphin. (8739, 42, 42 [a], 44 à 48, 50 à 52). Arg. 11 p. TB.

1674 1738, 40, 42, 44, 46, 48, 50, 52 (8753 à 56, 58 à 61, 63). Arg. 10 p. TB.

1675 1754 ; statue de Louis XV. 1756, 58, 60, 62, 64, 66, 68, 70, 72 (8764, 67, 69 à 75, 77 à 80). Arg. 15 p. TB.

1676 1774, 76, 78, 80, 82, 84, 86, 88. Buste de Louis XVI. ℞. Ecu. (8781, 82, 84 à 87, 89, 90, 92). Arg. 9 p. TB.

1677 Jetons à l'hermine, Louis XIV, XV et XVI. (8704, 7, 8, 11 à 11 b, 13, 15, 19, 26, 29, 30, 38, 38 a, 40, 41, 43, 49, 57, 62, 65, 66, 68, 76, 83, 88, 91, 93). Arg. 4 p. C. 24 p. Quelques refrappes.

1678 **Rennes.** *Echevins*, s. d. Administration municipale, s. d. (8808, 9). Arg. 2 p. TB.

1679 *Mairie de M. Baillon*, 1757. Autre. ℞. Armes de Lebret. *M. Hévin*, 1758, 1762. *M. de la Motte-Fablet.* Oct. (8811 à 14, 17). Arg. 5 p. TB.

1680 **Nantes.** CALCVLI. NOBILISS. ÆDILIUM. CIVIT. NANNETEN. Armes de la ville. ℞. OCVLI OMNIVM IN TE SPERANT DOMINE 1605. Ecu parti de France-Bretagne (8825). Arg. TB.

1681 Même type, écu écartelé, 1625, 27, 30. (8833, 35, 38, 39). Arg. 4 p. B. et TB.

1682 Autres, 1634, 35, 39. (8843, 44, 49). Arg. 3 p. B. et TB.

1683 — Mêmes pièces et variétés de dates et de type (8819 à 24, 26 à 32, 34, 36, 37, 40, 41, 45, 46, 50, 54 et var. s.d.). C. 23 p. Frustes, B. et TB.

1684 *F. Bourgogne.* Type des précédents, 1638. (8847). Arg. B. Rare.

1685 — Même p. (8848). *G. Blanchard.* Même type 1631. ℞. 1632 (8842). C. 2 p. B. Rare.

1686 *De Monti.* Ses armes. ℞. Armes de Nantes, 1644. (8855). Arg. TB. Rare.

1687 — Même pièce (8856). *Juchault.* Ses armes. ℞. Ecu de Bretagne. 1642. Autre. ℞. Armes de Nantes (8852, 53). C. 3 p. TB.

1688 *Jacques de Bourgues*, 1647 (8857). Arg. B. Rare.

1689 *Mathurin de Boux*, 1649 (8859). Arg. TB. Rare.

1690 *René de Ponctual*, 1657 (8864). Arg. B.

1691 *Jean Poullain*, 1661 (8868). Arg. TB. Rare.

1692 — Semblables aux 4 précédents (8858, 60, 65, 66, 69). *Jean Charette*, 1650. *Cl. Bidé*, 1653. *Jean Fournier*, 1655. *Jacques Hurteau*, 1659. (8861 à 63, 67). C. 9 p. La plupart B. et TB.

1693 *Louis Macé*, 1663. *Mathurin Giraud*, 1665. *François Lorido*, 1667. (8870, 72, 74). Arg. 3 p. TB.

1694 *Jacques Charete*, 1668, 1671. (8877, 79). Arg. 2 p. TB.

1695 ***Gratien Libault***, **1671.** ***Jean Regnier***, **1674. (8881, 84). Arg. 2 p. TB.**

1696 *Louis Charete*, 1675 (8886). Arg. TB.

1697 — Semblables aux p. des 4 n^{os} précédents (8871, 73, 75, 76, 78, 80, 82, 83, 85, 87). *Chevalier*, 1677. *Fremon*, 1680. *L. du Mesnard*, 1682. (8888 à 90). C. 13 p. B. et TB.

1698 *Cl. Bidé*, 1684. *De l'Isle*, 1687. (8891, 94). Arg. 2 p. TB.

1699 *Pierre Noblet*, 1692 (8899, 8901). Arg. 2 p. var. B. et TB. Rares.

1700 *Gérard Mellier*, 1721. *René Leray*, 1730. *J.-F. Verdier*, 1732. (8903, 7, 9). Arg. 3 p. TB.

1701 *Darquistade*, 1735, 40, 43. *De la Haye Moricaud*, 1738, 39 (2 p.). *Du Rocher*, 1747. (8910, 11, 13 à 16). Arg. 7 p. TB.

1702 *Bellabre*, 1748, 52. *Joubert du Collet*, 1762-63. *Fr. Libault*, 1766-67. *Gellée de Prémion*, 1754, 56, 76, 80-81. *Berrouette*, 1782-83. (8917, 20, 22 à 24, 26, 30 à 32). Arg. 9 p. TB.

1703 *P. V. Roger*, 1770-71. *De la Ville*, 1772-73. *Guérin de Beaumont*, 1786-87. *Richard de la Pervanchère*, 1787-88. *De Kervégan*, 1789-90. (8927, 28, 34, 36, 37). Arg. 5 p. TB.

1704 — Jetons C. et refr. Arg. et C. (8892, 93, 95 à 98; 8900, 2, 4 à 6, 8, 12, 18, 19, 21, 25, 29, 33, 35). Arg. 3 p. C. 18 p. Et. 1 p.

1705 *Notaires*. Louis XV. Buste lauré, drapé, cuirassé à dr. signé R. FILIVS. ℟. NOTARII. REGIS. COMIT. & DIŒC NANNET. Ecu de France-Bretagne. (8946). Arg. TB.

1706 — Buste lauré, drapé, signé R. FIL. (8947). Arg. TB.

1707 — Autre, signé J C R en monogr. (8948). Arg. TB. Rare.

1708 Louis XVI. Tête à dr., cheveux noués, signée DU VIV. ℟. semblable (8950). Arg. TB.

1709 — Buste, cheveux flottants, n. s. (8951). Arg. TB.

1710 — Buste habillé, signé DU VIV. (8952). Arg. TB.

1711 — Même buste, n. s. (8953). Arg. TB.

1712 *Commerce*. A NOTRE CHER LOUIS DROUIN 1777. Arg. et C. Hercule essayant de rompre un faisceau. Arg. et C. *Procureurs*. Louis XVI. Arg. (8941 à 45). 5 p. B. et TB.

1713 **Intendants**. *F. E. Feydeau de Brou*. Ses armes. ℟. L'ile Feydeau, 1725. Arg. TB. C. AB. (8955, 56). 2 p.

1714 *J. B. E. Le Camus de Pontcarré de Viarmes*, 1751. Ses armes. ℟. Armes de Nantes; mairie de M. Bellabre. (8958). Arg. TB.

1715 *M. de Flesselles*, 1767. Ses armes. ℟. Armes de Nantes. (8960). Arg. TB.

1716 *Caze de la Bove*, 1775. Ses armes. ℟. Armes de Nantes (8962). Arg. TB.

1717 **Vannes.** SEBASTIEN DE ROSMADEC EVESQVE DE VANNES. Ses armes. ℟. CALCVLI COMITIORVM BRITANNIÆ. Ecu de France-Bretagne (8976). Arg. B. Rare.

1718 **Divers.** MATVRIN DE MOSS. Mortier et un pilon entre deux hermines. ℟. RENE LAMBERT. Croix fleurdelisée. (8965). Méreau. Arg. doré. TB. *Pl. XIII.*

1719 *Rosmadec* et Renée de Budes de Guébriant, 1671. (8938). *F. de Laval,* évêque de Dol. Ses armes. ℟. Squelette. (8970, 71). C. 3 p. *Méreaux.* C. et Pb. (8555, 56, 59, 60, 65, 66, 74; 8794 à 8801; 8939, 66 à 69 [a]). Plusieurs surmoulés ou refr. — Ens. 27 p.

1720 *Lot* de jetons et refrappes (N[os] non cités de 8632 à 8975). Arg. 17 p. C. 28 p. Et. 5 p. Alum. 1 p.

Poitou

1721 **Noblesse.** Méreaux aux 1/2 lis et 1/2 chateau; autre, lis. ℟. Un P. Jeton et Méreau attribués à Diane de Poitiers. (8977 à 81 [b]). C. 6 p. Et. 1 p. B. et TB.

1722 *Parthenay-Soubise* et Anne d'Aubeterre. *Du Drac,* 1564. *Sanzay,* 1573. *Nath. Adam,* 1624. (8983, 85, 88, 92). C. 4 p. AB. B. et TB.

1723 *Fr. Chabot.* FRANCOYS CHABOT 1560. Ses armes. ℟. Ecu mi-parti de Chabot et de Françoise de Lugny. (8984). C. TB. Rare. *Pl. XIII.*

1724 *Jean de la Rochefoucauld,* abbé de Marmoutier. 1572. Ses armes. ℟. Monogramme. (8987). C. B. Rare.

1725 *Turpin de Crissé.* IN DOMINO CONFIDO. Ses armes. ℟. Croix fleurdelisée. (8990). Arg. TB. Très rare. *Pl. XIII.*

1726 *Cardinal de Richelieu.* Ses armes. ℟. CVNCTIS DOMINABITVR ORIS. Cinq lis sur divers rivages, l'un est couronné (8993). Arg. TB.

1727 Buste à dr. ℟. Double dextrochère, 1631. Autre. ℟. Navire, 1634 et s. d. (8994, 95, 8901). Arg. 3 p. B. et TB.

1728 Armes du cardinal. ℟. Pélican, 1636 (9004). Arg. TB.

1729 Buste à dr. ℟. Types variés, 1637, 1638, 1639. (9005, 7, 8). Arg. 3 p. TB.

1730 — Parties casuelles, 1639. Galère surmontée de l'écu du cardinal. ℟. Navire, 1639. Buste à dr. ℟. Navire, 1640, 1641 et parties casuelles, même date. (9010, 12, 16, 18, 23). Arg. 5 p. AB. et TB.

1731 Même buste. ℞. Navire, 1642. (9025). — ℞. Buste de Louis XIII. (9030 à 32). — ℞. Buste de la reine Anne. (9033). Arg. 5 p. AB. B. et TB.

1732 — POTENTIOR HOSTIBVS ÆGER. 1643. Lion malade attaqué par deux chiens. (9027). Arg. TB.

1733 Types variés (8996 à 9000, 2, 3, 6, 6 a, 9, 11, 13 à 15, 17, 17 a, 19 à 22, 24, 26). C. 23 p. La plupart B. et TB.

1734 Buste à g. Arg. et C. *Scévole de Ste Marthe*. Arg. 2 p. (9028, 29 ; 8991, 91 a). — Ens. 4 p. par Dassier. B. et TB.

1735 *Gabriel de Rochechouart*. MARQVIS DE MORTEMART. Ecus de France-Navarre. ℞. PROPRIVS ASPICIO. Aigle volant vers le soleil. (9034). Arg. B. Rare.

1736 *Henry de Guénegaud*, trésorier de l'épargne, 1638. Ses armes. ℞. Lion terrassant un aigle et tenant la toison d'or. (9035). Arg. TB.

1737 — Même pièce. *Louis de la Trémoille*, 3 p. *Chabot* et ***, 1560. *Couhé de Lusignan* et sa femme. (9036, 40 à 41, 45, 51, 52). C. 7 p.

1738 *A. J. de Richelieu*. A. DE RICHELIEV DVC P. G^{AL} D. GAL. LIEVT^{T} G^{AL} ES MERS DE LEV^{T}. Ses armes. ℞. Galère, 1647. Autre, 1648. (9037, 38). Arg. 2 p. AB. et TB.

1739 *L. de Rochechouart*. L. D. ROCHECHOVART A DONI C. ET. C^{SSE} D. MAVRE. Ecus accolés de Rochechouart et de Doni d'Attichy. ℞. NEC MOVET NEC MOVETVR. Chateau-fort sur un rocher, 1656 (9042). Arg. B. Rare.

1740 *Henri de la Tremoille* et Marie de la Tour d'Auvergne. Ecu sur le manteau. ℞. Tour. (9044). Arg. TB. *Pl. XIII.*

1741 *Dangeau*. PHILIPPE DE COVRCILLON DE DANGEAV GRAND MAISTRE. Ses armes. ℞. ORDRE R^{AL} DE N^{RE} D. DV MONT CARMEL ET DE S^{T} LASARE. 1701. Chevalier au galop à dr. (9047). Arg. TB. Rare. *Pl. XIII.*

1742 *Arnac*. Armes accolées d'Arnac et de Launay d'Estreville. ℞. Monogramme (9053). Oct. Arg. TB. Rare. *Pl. XIII.*

1743 *Charles de Créqui* et Armande de Lusignan. *Maréchal de Chamilly*, 1705. *La Rochefoucauld*. Ses armes. ℞. Monogr. 1753. (9046, 50, 60). C. 3 p. Jeton gravé aux armes de *Bodet de la Fenestre* et de sa femme (9055). Arg. — Ens. 4 p. TB.

1744 *Parthenay-Soubise*. Fruste. *Refrappes*. (8982, 89 ; 9043, 48, 54, 56 à 59, 61). Arg. 1 p. C. 10 p. TB.

1745 **Eglises.** *G. de Saint-Belin*, évêque de Poitiers. (9062). AB. — Le même, abbé de St Savin (9063). B. 2 p. C. Rares.

1746 *Escoubleau de Sourdis*, évêque de Maillezais. FORTVNAM SEQVFRE. Ses armes. ℟. SI TE FATA VOCANT. Leurre. (9092). C. B. Très rare.

1747 *Méreaux* des Bénédictins (9065 à 70, 72 à 82, 85). Méreaux protestants de la Mothe Ste Héraye, le Chay, la Brossardière, Ste Eaune (9086 à 91). C. 17 p. Pb. 7 p. B. et TB.

Aunis et Saintonge

1748 **La Rochelle** (*Prise de*). Ecus de France-Navarre. ℟. Dauphin, 1627. Autre. ℟. Chiens nageant vers le reflet d'une couronne, même date. Conseil du roi, 1628. (9096, 97; 9104). Arg. 3 p. AB. et B.

1749 1628. La digue. ℟. Deux sphères. Le roi au galop foulant des armes. ℟. Flammes sur la villes. Ecus accolés. ℟. Fauve pris dans un filet (9106, 9, 11). Arg. 3 p. B. et TB.

1750 Cavalerie légère, 1628, plan de la digue. Conseil du roi, 1629, la digue. Ecus accolés. ℟. Le roi à cheval recevant les clefs, même année. (9113, 15, 17). Arg. 3 p. B. et TB.

1751 Série intéressante de jetons concernant la prise de la Rochelle, 1573, 1626, 27, 28, 29 et s. d. (9092 a à 95, 98 à 9103, 5, 7, 8, 10, 12, 14, 16, 18). C. 18 p. AB. B. et TB.

1752 *Chambre de Commerce*. Louis XV. Buste jeune signé *J C R* liés. ℟. FAVENTE DITABO. Vaisseau, s. d. (9126). Arg. TB.

1753 — Buste lauré, drapé, signé DU VIVIER (9127). Arg. TB.

1754 — Buste lauré, cuirassé, signé D. V. (9128). Arg. TB.

1755 — Buste habillé, cheveux flottants, signé D. V. sous le bras (9129). Arg. TB.

1756 — Buste, cheveux nattés, signé DU VIVIER (9130). Arg. TB.

1757 — Tête laurée signée *F M* cursifs (9131). Arg. TB.

1758 Buste lauré, cuirassé, signé D. V. ℟. DITAT ET ORNAT 1754 Vaisseau. (9132). Arg. B.

1759 — Tête laurée, signée *m* (9133). Arg. B.

1760 — Tête, cheveux noués, signée *fm* (9134). Arg. TB.

1761 — Buste lauré, cuirassé, signé *fm* (9135). Arg. TB.

1762 — Buste lauré, drapé, signé R. FIL. (9136). Tête laurée, signée *R. filius* (9137). Arg. 2 p. TB.

1763 — Tête laurée, n. s. (9138). Arg. TB.

1764 Louis XVI. Tête, cheveux noués, signée DU VIV. ℞. du précédent, 1774 (9139). Arg. TB.

1765 — Buste, cheveux flottants, n. s. (9141). Arg. TB.

1766 — Buste habillé, n. s. (9142). Arg. TB.

1767 DITAT ET ORNAT. Vue du port. A l'ex. : CHAMBRE DE COMMERCE DE LA ROCHELLE ANNÉE 1771 ROETT. FIL. F. ℞. AUSPICIIS GAB. SENAC PORTUS RESTITUTUS dans une couronne (9143). Médaille 34%. Arg. TB. Rare.

1768 — Même pièce (9144). Br. TB.

1769 *Juges et consuls.* Louis XV, 1760. Louis XVI, 1760, 1776. *Hotel de ville.* Louis XV. (9119, 21 à 24). Arg. 5 p. TB.

1770 *Académie de drame et de musique.* ECOLE DU MONDE. MDCCLXVI. La Tragédie assise de face. ℞. Théatre (9146). Arg. TB.

1771 — Même pièce (9147). **Divers.** *Antoine sire de Pons* (9157) Fruste. Jetons et refr. (9120, 25, 40, 45, 45 a, 55 a, 56 a). — Ens. C. 8 p. Et. 1 p.

1772 **Intendants.** *G. Coignet de la Thuilerie*, 1629. Ses armes. ℞. La Justice au-dessus de la ville de La Rochelle. (9148). Arg. TB. Rare. *Pl. XIII.*

1773 — Même pièce (9149). *F. de Villemontée*, 1632, 33, 37 (9150 à 52). C. 4 p. B. et TB.

1774 **St Martin de Ré.** *H. de Montmorency*, amiral de France. Ses armes. ℞. Vue de la ville sur une ancre, 1625 (9153). Arg. TB. Rare. *Pl. XIII.*

1775 — Même p.; variété. ℞. Navire, même date (9154, 55). C. 2 p. B. et TB.

1776 **Saintes.** *Collège.* Buste de Louis XVI. ℞. L'Equité. A l'ex. : P. L. LA ROCHEFOUCAULD EPIS. PRÆSES. 1786. (9156). Oct. Arg. TB.

La Marche

1777 + AVS DENS. MONS. DE LA MARCH. Ecu dans une rosace. ℞. GETOVERT. DE. LA. CHAMBRE. Croix fleurdelisée (9159). Lis dans un écu à bordure componée (9158). C. 2 p. B.

1778 *Fortunée Marie d'Este.* Ecus accolés de Bourbon-Conti et d'Este. ℞. JETTONS DE MME LA COMTESSE DE LA MARCHE. (9160). Oct. Arg. TB. Rare. *Pl. XIII.*

Angoumois

1779 *François de Valois, Louise de Savoie.* (9161 à 65). C. 4 p. Pb. 1 p. *Frédéric de La Rochefoucauld.* (9169, 70). Refr. Arg. et C. *Guez de Balzac, Jean de la Quintinie* par Dassier (9166 à 68). Arg. 2 p. C. 1 p. — Ens. 10 p.

Aquitaine

1780 **Ducs.** Ecu aux léopards. ℞. Ecu de France. Léopard couronné. ℞. Croix. (9172 à 74). C. 3 p. AB. et B.

1781 **Bordeaux.** *La Ville.* Louis XV, s. d. (9175 à 79). Arg. 5 p. TB.

1782 Louis XVI. (9180, 82, 84). Arg. 3 p. TB.

1783 *Chambre de commerce.* Louis XV, 1750. (9185 à 89). Arg. 4 p. B. et TB.

1784 Louis XVI. Tête à dr. signée GATTEAUX. 1784. (9190). Oct. Arg. TB.

1785 — Buste à dr., même signature (9191). Oct. Arg. TB.

1786 *Société de chirurgie.* L'amphithéâtre, 1753. ℞. Ecu au champ fleurdelisé chargé de S^T Côme et S^T Damien deb. (9192). Arg. TB.

1787 — ℞. REGNANTE LUDOVICO XV AUXILIIS D. D. DE LA MARTINIERE EQUITIS CONSILIARII ET PRIMARII REGIS CHIRURGI 1753 (9193). Arg. TB.

1788 — Même p., 1758. (9195). Arg. TB.

1789 Buste de Louis XVI. ℞. L'Amphithéâtre, 1753 (9196). Arg. TB.

1790 AVGVSTIS TVTVM EST LILIIS. Edifice. ℞. du n° 1787 (9197, 99 RF ?) Arg. 2 p. AB. et TB.

1791 *Académie* de peinture, etc., 1780. Société des Sciences et arts, an VI (9201, 5). Arg. 2 p. TB.

1792 *Notaires.* Louis XV. Tête au bandeau, signée *fm*. ℞. Lion à g. 1756. (9206). Arg. AB. Rare.

1793 — Buste lauré, cuirassé, signé I. D. V. (9207). Arg. TB. Rare.

1794 Louis XVI. Buste habillé à dr. signé B. DU VIV. (9209). Arg. TB. Rare.

1795 *Assurances.* Tête de Louis XV. ℞. Navire, 1755 (9211). Arg. AB. Rare.

1796 Courtiers royaux, 1768. Buste jeune, n. s. ℞. Navire (9210). Arg. B.

1797 *Divers.* Statue de Louis XV. (9212 à 23). Jetons et refr. (9181, 83, 88, 94, 98; 9200, 2 à 4, 8, 24). Arg. 2 p. C. 41 p. Et. 1 p.

Périgord

1798 *Alexandre-Angélique de Talleyrand-Périgord.* Ses armes. ℞. Monogr. (9224a RF ?). Arg. TB.

Guyenne et Gascogne

1799 **Personnages**. *Guillaume de Flavacourt*, archevêque d'Auch. LARCEVESQUE DAVX. Ses armes. ℟. GETOER DES COPTES. Croix (9225). C. TB. Très rare. *Pl. XIV.*

1800 *Duc d'Epernon*. B. DE FOIS DE LAVALETTE, etc. 1648. Son buste. ℟. Ses armes. (9226). Arg. TB. Très rare. *Pl. XIV.*

1801 *Duc de Richelieu*. Ses armes. ℟. L. FR. ARM. DU PLESSIS, etc. (9246). Oct. Arg. TB.

1802 *Gualy-Chaffari*, 1559. *Cl. de Roquefeuil*, 1657. *L. A. de Pardaillan*. *Souillac de Ruffignac*. Oct. *Caumont de la Force*. *Truzzi* et Peyronnenq. (9225, 27, 30, 32, 32 a, 35 à 39). C. 10 p.

1803 *P. de Raigecourt*. Ses armes. ℟. P. DE RAIGECOURT EPISCOPUS AC DOMINUS ADURENSIS 1770 (9252). Oct. Arg. TB. Rare.

1804 **Bayonne**. *La ville*, 1738. (9254, 56, 57, 59 à 63). Arg. 8 p. TB.

1805 *Chambre de commerce*. Buste jeune de Louis XV. ℟. La Fidélité au-dessus de la ville, 1726. (9253). Méd. Br. 32 %. TB.

1806 — Même type, signé DU VIVIER F. ℟. Navire (9264). Arg. TB.

1807 — Autre, signé *J C R* liés (9265). Arg. TB.

1808 — Buste lauré, drapé. DU VIVIER (9266). Arg. FDC.

1809 — Tête au bandeau, *F M* cursifs. Tête laurée, *R. filius*. (9267, 68). Arg. 2 p. B.

1810 Louis XVI. Tête, cheveux flottants. n. s. Buste habillé, n. s. ℟. du précédent. (9270, 71). Arg. 2 p. TB.

1811 **Lot** de jetons et refr. (9229, 31, 33, 34, 40 à 45, 47 à 49, 50, 51, 55, 58, 72 à 74). Arg. 2 p. C. 20 p. Et. 3 p.

Béarn

1812 *Jeanne d'Albret*. IANNE P. LA. G. DE DIEV. ROYNE D. NAVAR. Buste à dr. ℟. GRATIA DEI SVM ID QUOD SVM 1565. Deux S barrés sur un champ orné (9277). Arg. B. Très rare. *Pl. XIV.*

1813 — Même buste. ℟. Ecu losangé (9278). Autre. ℟. HASTA. LA. MUERTE. Grand S barré (9279). *Marguerite de Navarre*, 1577, 1586. (9282, 83). *Henri II* (III de Navarre). Ch. des comptes de Vendôme, 1571. (9284). C. 5 p. B.

1814 Ecu écartelé. ℟. DIEV EST LA FIN DE MON COMPTE 1571. H S en monogr. (9285). Arg. B. Rare.

1815 Ecu aux armes complètes. ℟. OMNIA AD CALCVLVM 1582. Main céleste comptant des pièces sur une table. (9286). Arg. B. Rare.

1816 Ecu écartelé. ℟. CAMERA COMPVTOR FERÆ AD ISARA. 1583. Arbre sur un pré. (9288). Arg. B. rare.

1817 Ecus accolés; dessous, vaquette. ℟. Victoire aptère, 1599. (9290). Arg. B. Rare.

1818 *Catherine de Bourbon.* CATHERI. SŒVR VNICQVE DV ROY. Ecu losangé. ℟. IMPERSVASIBILIS. 1595. Femme jouant de la lyre et serpent. (9287). Arg. TB. Rare. *Pl. XIV.*

1819 *Louis XIII.* Ecus accolés et vaquette. ℟. VNITA CRESCVNT, 1613. Vue panoramique du Béarn ; le château de Pau et son parc, les deux gaves, Oloron et Orthez (ou Bayonne) et les Pyrénées (9291). Arg. B. Très rare. *Pl. XIV*

1820 — Même droit. ℟. CLARIOR MVNIMINE FRANCO. Couronne dans une enceinte (9292). Arg. TB.

1821 *Nicolas Joseph Foucault.* Ses armes. ℟. Personnages signant l'abjuration devant une église. A l'ex. RESTIT. RELIG. IN. BENEARNIA. 1685. (9299). Arg. FDC. Rare.

1822 *Comté de Foix.* POVR LA ROYNE DARRAGON. Ecu couronné. ℟. GARDEZ VOVS DE MESCONTER. Croix feuillue. (9301). C. B. Rare.

1823 FRANCISCVS. A. FVXO. Ecu écartelé. ℟. OMNIA. SVBIECISTI. EI. 1555. Monogr. (9302). Arg. TB. Très rare. *Pl. XIV.*

1824 *Marquis de Bonnac*, ambassadeur en Hollande, 1751. Ses armes. ℟. Inscription (9304). Oct. Arg. TB. Rare.

1825 — Même p. Refr. C. et variété, écu tenu par deux lions. ℟. Monogr. Arg. (9304[a], 4[b]). 2 p. TB.

1826 *Louis de Gramont d'Aster.* Ses armes. ℟. Monogr. (9300). C. TB. Rare.

1827 *Divers.* Jetons et refr. (9275, 76, 79[a] à 80[a], 81, 89, 90[a], 93 à 95). C. 12 p. Jetons de Dassier : Gassion, Arg. et C. Pierre de Marca, Pierre Bayle, C. (9296 à 98; 9303). — Ens. 16 p.

Roussillon

1828 **Perpignan.** *Richelieu.* CVRA REDDIDIT IMPERIVM. Buste à dr. ℟. HÆC REGNA RECLVDIT. 1643, Vue de Perpignan et carte du nord de l'Espagne. (9306[c]). Arg. Refr. ? B.

1829 *Ordinaire des guerres*, même revers. Arg. Fruste. *Habert de Montmor*, 2 p. variées. C. *Prise d'Arras et du Roussillon ?* 1642. C. (9305 à 6[b]). — Ens. 4 p.

Navarre

1830 Jetons divers (9307 à 11). C. 6 p.

Berry

1831 *Jacques Cœur*, argentier de Charles VII. + EN LVI : DOVLCEVR : ET : AMOVR. Croix chargée d'un cœur avec la lettre K et cantonnée de 4 K. ℟. + SVR : TOVS : AVTRE : LOYAL. Astre entre trois lis, sous une couronne. (9322). C. TB. Extrêmement rare.

Ex. Collection Richard. N° 298.

1832 *Duc de Berry*. ANO. DUC DE BERRY FILS DE FRANCE GRAND MAITRE. Ses armes. ℟. ORDRE R. DE N. D. DU MONTCARMEL ET DE S. LAZARE J R. 1757. Armes de l'ordre. (9317). Arg. TB. Rare.

1833 — Même p. Fruste (9318). *Moyen-Age*. Jetons aux armes de Berry (9312 à 16). *And. Félibien des Avaux*, Bourges, 1697 (9324, 25). *Marquis d'Arpajon*, gouverneur, 1715 (9326). C. 10 p.

1834 **Bourges**. Intéressante série de Méreaux de *St Ursin*, *St Etienne* et de la *Ste Chapelle*. (9327 à 40). C. 17 p. En général, B.

1835 *Archevêques*. Frémiot, 1620. Hardivilliers, 1643. Levis de Ventadour, 1655. Carbon de Montpezat, 1666. (9341 à 47). C. 7 p. B. et TB.

1836 Michel Poncet. MICHAEL PONCET PP ARCH BITVR. Ses armes. ℟. ECCL PATR BITVR GENIO. St Etienne à genoux. 1676. (9350). Arg. B. Rare.

1837 Michel de la Vrillère. MIC. PHELYPEAVX. P. P. ARCH. BITV. Buste à dr. ℟. Ses armes. 1680. (9351). Arg. TB.

1838 — Même p. Léon Potier de Gesvres, 1694. F. J. de Roye de La Rochefoucauld, 1729. G.-L. Phelipeaux d'Herbault, 1757. (9351 a à 56). C. 6 p. B. et TB.

1839 *Chambre des comptes*. S. d., 1553, 57, 60, 90; 1608, 13, 32, 35. (9357 à 74). *Maires*. D. Milet, 1608. Ant. Bigot, 1645 (9375, 76). C. 20 p.

1840 **Issoudun**. *St Cyr*. Méreaux, XII, VI et XXX. C. Méreau. Pb. *M. A. Gobert*. 1653. C. (9515 à 20). — Ens. 6 p. AB. et B.

1841 **Divers**. *Duc de Berry*, 1761. *Carbon de Montpezat*. *P. A. de Castagnère*. Fondation de X mariages à Chateauneuf, 1761. (9319 à 20 a, 48, 49; 9521). Refr. Arg. 2 p. C. 4 p.

1842 *Jetons du Moyen-Age*. Armes de Berry. R. Berger. (9377). Grande série de jetons à l'agnel (9378 à 9514). C. 177 p.

Bourbonnais

1843 **Princes de Bourbon**. Louis II. BORBONNOIS. CLERMONT. Ses armes. ℟. B. O. R. Croix. (9522). BOVRBONNOIS CLERMONT BOVROIE. Armes de Bourbon. ℟. Croix (9524). C. 2 p. TB.

1844 AV MARIA GRACIA PLAIGNA. Deux dauphins sous trois lis. ℟. LES GETOVERS DE BONRBON. Croix. (9523). C. B. Ebréché. Rare.

1845 MARIE DE LVXENBOURG DVCHESSE. Ecu losangé. ℟. DOVAIRIE DE VEN DOSMOIS CO. DE S^{T} POL. Croix (9526). C. B. Rare.

1846 IEHANE DE BOVRBO DOAIRIÈRE DE BOVRBO. Ses armes. ℟. CONTESSE DE BOVLOIGNE ET DAVVERGNE. Champ fleurdelisé; tour sur le lis du centre (9525). C. TB. Rare. *Pl. XIV.*

1847 LVDOVICA R. MA. DVCISSA BORBONNEN. Ses armes. ℟. PENNAS DEDISTI VOLABO ET REQVIESCAM. Grand L ailé et couronné. (9527). C. TB. Rare. *Pl. XIV.*

1848 CHARLES D. BOVRBON. P. D. LA ROCHE SVRION. Ses armes. ℟. DE BON HEVR LES COMBATS. 1557. Sur un laurier, ceinture avec SPEM CONTRA. (9528). Arg. TB. Très rare. *Pl. XIV.*

1849 Louis, cardinal de Bourbon, 2 p. Henri de Bourbon, 1574, 84. Louis de Bourbon, 1576. Anne, princesse palatine. Charles, Cardinal de Bourbon, 2 p. (9529 à 35^{a}) C. 8 p. AB. B. et TB.

1850 Henri de Bourbon. Ses armes. ℟. ERRANTES HOC LVMINE TVTI 1600. Vaisseaux et phare (9536). Arg. B.

1851 — Même p. C. Louis de Bourbon; jetons à son buste, C. et jetons de Dassier, Arg. et C. (9536^{a}, 42, 43, 45 à 48). *Le Gendre*, marquis de St Aubin, 1718. (9565). C. — Ens. Arg. 2 p. C. 6 p. B. et TB.

1852 *Moulins*. Cadier de Veauce, 1766. Bardonnet, s. d. (9555, 58). Arg. 2 p. TB.

1853 *Divers*. Fins et Noyant, 1785 (9360 à 64). Jeton et refr. (9537 à 41, 44, 49 à 54^{a}, 56, 57, 58^{a}, 59, 65^{a}). Arg. 2 p. C. 22 p.

Forez

1854 *Tristan de Rostaing* et Françoise Robertel, 1582. Leurs bustes. ℟. Philippe Hurault et Anne de Thou, 1595. (9568). Arg. FDC.

1855 *Charles de Rostaing* et Anne Hurault, 1633 (9574). Arg. Jetons variés de la famille Rostaing (9566, 67, 69 à 73, 75 à 78). C. — Ens. 12 p. B. et TB.

1856 *Bollioud de St Julien*. Ses armes. ℞. Monogr. (9584). Oct. Arg. TB. Rare.

1857 *Papire Masson*, par Dassier. Arg. 2 p. C. 1 p. *de Loy? Marquis d'Entragues*, 2 p. *Marquis de Chalmasel*. (9579 à 83, 85). — Ens. Arg. 2 p. C. 5 p. TB.

Auvergne

1858 **Clermont**. *Bochart de Saron*, 1693. *Henri Oswald*, 1745. *Fr. de Bonal*, 1776. (9589, 92, 93). Arg. 3 p. B. et TB.

1859 — Mêmes p. *J. d'Estaing*, 1619, 1653. *G. d'Arbouze*, 1666. *J. B. Massillon*, 1719. Méreau de *St Genès*, 1656. (9586 [a] à 88, 90, 91, 92 [a], 94). C. 9 p. B. et TB.

1860 **Le Puy**. *Méréau* de St Georges. *A. de Senecterre*, s. d. et 1580 (9596 à 97 [a]). C. 3 p. B. et TB.

1861 *Méréau* à la rosace du Puy. Bractéates à la Vierge (9595 à 95 [c]). C. 10 p.

1862 **Langeac**. *Bractéates*. St Gal. (9598, 98 [a]). **Riom**. *Bractéates* à la vierge (9598 [b]). C. 4 p.

1863 *De Combre*, prévôt de la Monnaie, 1693. (9599 à 9600 [a]). Arg. 1 p. C. 2 p. **Mende**. Méréau de *St Privat*. (9601). **St Flour**. *Ant. de Lévis-Ventadour*, 1568. Jetons de *Meaux*. (9607 à 8 [b]). **Rodez**. *J. d'Estaing*, 1694. (9605). — Ens. Arg. 1 p. C. 8 p. B. et TB.

1864 *Champion de Cicé*. Ses armes. ℞. JER. MAR. CHAMPION DE CICÉ EVÊQUE COMTE DE RODÉS 1770. (9606). Oct. Arg. TB. Rare.

1865 **Personnages**. GERO FRONDIS HONORES. Armes de la Tour d'Auvergne sur un laurier. ℞. STAT FORTIBVS ALTA COLVMNIS. Tour. (9612). Arg. B. Rare.

1866 *Jean de l'Hospital*, s. d. *De Marillac*, 1624. *Charlotte de la Tour*, 1639. *Fréd. Maurice de la Tour*, 1655. *Godefroy de Bouillon*, 1684. *Fr. d'Estaing*, 1724. *Fr. Le Court* et sa femme Marguerite Saulnier. (9609 à 11 [a], 13 à 14, 23, 29, 30). C. 10 p.

1867 *Jacques Sirmond; Blaise Pascal; Turenne* par Dassier. (9615 à 19 [a]). Arg. 3 p. C. 3 p. TB.

1868 *Divers*. Jetons et refrappes (9620 à 22, 23 [a] à 28, 31 à 38, 9586). Arg. 6 p. C. 13 p. Et. 2 p. TB.

Limousin

1869 *Limoges*. Méreaux de St Martial. Barton de Montbas, 1559, 1582. *G. de Pompadour*. (9639 à 44). C. 7 p. B. et TB.

1870 TVRRIS. FORTITVDINIS. 1556. Armes de Geoffroy de Pompadour. ℞. AFACIE INIMICI. 1556. Ecu parti de Pompadour et de Suzanne Pérusse des Cars. (9646). Arg. B. Très rare.

1871 *Jacques de Douhet* et Suzanne de Roffignac, 1682. Arg. *Adrien Maurice, marquis de Noailles*, 1718. C. *Dufort* et Anne Marie Legendre. Oct. C. (9647, 49, 53). — Ens. 3 p. B. et TB.

1872 *Refrappes*. (9645, 48, 50 à 52). Arg. 3 p. Et. 2 p. TB.

Bourgogne

1873 **Ducs**. *Philippe de Rouvres* ? Armes anciennes de Bourgogne. (9654, 55). *Philippe le Hardi*. 4 p. Philippe le Hardi et Marguerite de Flandre. (9656 à 61). C. 8 p. B. et TB.

1874 *Jean sans Peur* ? Types variés. (9662 à 9711). C. 50 p. *Philippe le Bon*. (9712 à 16). *Charles le Téméraire*. (9721, 22). — Ens. 57 p.

1875 Charles le Téméraire et Marie d'York. Gettoirs des finances du duc. C M liés par un lac d'amour. ℞. Deux briquets et toison. (9720). C. B. Rare.

1876 *Marie-Adelaïde de Savoie*. Buste à dr. ℞. Deux palmiers, 1698. (9723). Arg. FDC.

1877 — 1700; L'Hymen et l'Amour. 1701; Miroir et soleil. Autre, petit module. (9728, 31, 33). Arg. 3 p. B. et TB.

1878 Buste à g. ℞. 1702; huitre perlière. 1703; nuage où s'amasse la foudre. (9737, 41). Arg. 2 p. TB.

1879 Buste à dr. ℞. 1704; le char de l'Aurore. 1706; oranger. (9743, 48). Arg. 2 p. TB.

1880 — 1707; olivier. 1709; quatre lis. (9753, 59). Arg. 2 p. B. et TB.

1881 Buste à g. ℞. 1708; phénix sur un socle. 1710; vigne. 1711, bouquet. (9756, 62, 63, 65). Arg. 4 p. TB.

1882 — Mêmes pièces et variétés. (9724 à 27, 29, 30, 32, 34 à 36[a], 38 à 40, 42, 44 à 47, 49, 50, 52, 54, 55, 57, 58, 60, 61, 64, 66). C. 30 p. B. et TB. Quelques refrappes.

1883 Ecus accolés de France et de Savoie. ℞. Monogramme couronné, 1706. (9751). Oct. Arg. TB. Rare.

1884 *Naissance du duc de Bourgogne*. Buste de Louis XV. ℟. Mariages, 1751. Méd. 32 %. Arg. et C. et cliché Et. (9768 à 70). 3 p. TB.

1885 GALLIA FIT PARTV FELIX. ℟. SPARSA PVBL. SOLUDORO MARQ[s] A. PAULMY REG. LEGATO. Dans une couronne LÆTANTUR AMICI. (9767). Arg. TB.

1886 **Etats de Bourgogne**. s. d., 1580, 84, 87, 91; 1600, 2, 5, 9, 11, 14, 19, 23, 27, 30. (9771 à 86). C. 16 p.

1887 — 1634, 36, 39, 42, 45, 48, 51, 53, 57, 59, 62, 65, 68, 74, 76, 77, 78, 80, 82, 86, 88, 92, 94, 98; 1701, 4, 7, 10, 13, 15, 19, 22, 25, 28, 31, 35, 37, 40, 43, 46, 49, 52, 67, 73, 76, 79, 82, 85, 89. (9787 à 9813, 15, 17 à 19, 21, 22, 24 à 26, 28 à 32, 34 à 36, 38, 39, 41, 43, 44, 46, 47, 49 à 51, 53, 54, 58, 60, 62 à 66, 68, 70, 70 [a]). C. 67 p. Et. 1 p. B. et TB. Quelques refrappes.

1888 Armes de Bourgogne. ℟. Olivier, 1680. Autre. ℟. Bélier, 1682 (9814, 16). Arg. 2 p. TB.

1889 — Louis XIV en Hercule, 1688. Navire retenu par deux ancres, 1694. Cep enlaçant deux colonnes, 1704. (9820, 23, 27). Arg. 3 p. B. et TB.

1890 — Soleil et étoile se levant sur la ville de Dijon, 1719 (9833). Arg. TB.

1891 — Génie de la Bourgogne et écus de Condé et de Caroline de Hesse, 1728. Vigne entourant un chêne, 1731. Essaim, 1735. (9837, 40, 42). Arg. 3 p. TB.

1892 Buste de Louis XV. ℟. Ecu de Bourgogne. 1740, 49, 52, 55, 58, 64, 70. (9845, 48, 52, 55 à 57, 59). Arg. 7 p. B. et TB.

1893 Buste de Louis XVI. ℟. Même type, 1776, 85, 89. (9861, 67, 69). Arg. 3 p. TB.

1894 *Elus aux états*. Baillet, 1623, 1634. Gissey, 1623. Thésut, 1678. Gadagne d'Hostun, 1695 et s.d. Julien, 1695. Bretagne de Valcroisant, 1698. (9871 à 80). C. 9 p. B. et TB.

1895 Sonois, de Ganay, 1701. Legouz, de Foudras, La Ramisse, 1704. Challemoux, s.d. R. de Sercy, Chartraire de Montigny, 1707 et s. d. Menou, 1710 (9881 à 92). C. 12 p. B. et. TB.

1896 Claude Lemulier, 1710. (9893). Arg. B.

1897 — Même p. Vitte, de Pernes, Mielle, 1710. La Forêt, Challemoux, Montigny, 1713. Cronembourg, s. d. (9894 à 9902). C. 9 p. B. et TB.

1898 NICOLAS LABOTTE TR[ER] DE FRANCE VICONTE MAIEVR DE DIION. Ses armes. ℟. Ecu de Bourgogne. (9902 [a]). Arg. TB.

1899 Victor Amédée de la Fage, 1715, 1722 (9903, 6). Arg. 2 p. TB.
1900 Andoche Pernot, abbé de Citeaux, 1746. (9913). Arg. TB.
1901 — Même p. R. C. de Pont, 1719. De Vienne, 1722. Langeac de Coligny, 1725. Massol de Montmoyen? Morelet de Couchey, s. d. Moreau, 1731. La Tournelle, 1737. Thyard, 1746. (9904, 5, 8 à 12, 14, 15). C. 9 p. AB. et TB.
1902 Fr. Trouvé de Champagne, abbé de Citeaux, 1755 (9916). Arg. TB.
1903 Jarry, s. d. (9919). Arg. TB.
1904 Bernard de Sassenay et de Chalon, 1782 (9920). Arg. TB.
1905 — Même pièce. Seguin de Broin, Philippe Charles Le Vayer, s. d. (9917, 18, 21). C. 3 p. B. et FDC.
1906 **Dijon.** *Intendants.* Ant. Ferrand, 1701, 1705. De la Briffe, 1713, 1716. (9926, 27, 29, 30). C. 4 p. B. et TB.
1907 *Chambre des Comptes.* IETTOIRS POVR LE CAMBRE DES COPTES. Armes de Bourgogne-Flandre. ℟. QVI BIE IETTERA LE COMPTE TROVVERA. Mouton. (9933). Arg. TB. Très rare. *Pl. XIV.*
1908 PRO GENTIBVS COMPOTORUM. Ecu de France. ℟. DNI NRI REGIS DIVIONI. Grand L couronné accosté de X-II. (9935). C. TB. Rare.
1909 Armes de la ville. ℟. Porc-épic, dessous M. V^{c}. XIIII. (9936). C. B. Rare.

Pour Bénigne de Cirey, maire de Dijon.

1910 F couronné. ℟. LA FLEVR DV CHAMP. Ecu. (9945). C. B. Rare.
1911 Philippe le Bon?; Charles le Téméraire; Louis XII; François I, s. d. 1525, 31, 32, 36, 40, 43. Henri II, 1554, 57, 59, s. d. Charles IX, 1565. (9931, 32, 34, 37 à 44, 46 à 53). C. 20 p.
1912 Ecus de France et de Navarre. ℟. INSOMNI CVSTODIA 1606. Lion couché sur un coffre (9954). Arg. TB.
1913 Façade de la chambre. ℟. Minerve, 1648. (9955, 56). Arg. et C. 2 p. TB.
1914 *Maires.* Jean de Saulx. I. DE SAULS VICONTE MAIE. Armes de Dijon. ℟. Clefs en croix (9957). C. B. Rare.
1915 — ℟. Croix fleurdelisée (9958). C. AB. Rare.
1916 *Bénigne Martin.* Ecu de Dijon entre B-M. 1559. (9960). C. B.
1917 Jean Maillard. Ses armes, 1560 (9961). C. TB.
1918 Jacques Laverne. Ses armes, 1566 (9962). C. TB.
1919 Hugues Tisserand. IHESVS TV ES GRAND (Anagramme de son nom). 1569. Ses armes. ℟. A CHACUN GARDE SON DROIT. La Justice, (9963). C. TB.
1920 — Autres, 1570 (2 p. variées), 1571. (9964 à 66). C. 3 p.

1921 Guillaume Millière. PAX ET SANITAS 1571. Ses armes. ℞. DONUM MAIORIS MILLIERE. Armes de Dijon. Autre, 1572. (9967, 67ª). C. 2 p. B. et TB.

1922 Bernard Desbarres, 1575. Ses armes. (9968). C. B.

1923 Jean Le Marlet. Ses armes, 1578 (9969). C. B.

1924 Jean Petit. Ses armes. 1580 (9970). C. TB.

1925 Guillaume Royhier, 1584 et s. d. Pierre Bouhier, 1584. (9972 à 74). C. 3 p. TB.

1926 Jacques Laverne, 1590, 91, 92 et s. d. (9975 à 79). C. B. et TB.

1927 René Fleutelot, 1594. Bénigne Fremiot, 1597. Jaquinot, 1600. J. de Frasans, 1603, 4, 8. (9980 à 86, 90). C. 8 p. B. et TB.

1928 E. Joly, 1605, 15, 16. J. Perrot, 1606. Et. de Loisie, 1607. Et. Humbert, 1610. N. Humbert, 1611, 12. J. Bossuet, 1613, 14. (9987 à 89, 91 à 97). C. 11 p. B. et TB.

1929 Et. Arviset, 1616, 17. P. Fourneret, 1618. J. Venot, 1619, 20. Le Compasseur, 1621, 22. J. Tisserand, 1623, 24, 35. J. de Frasans, 1625, 27, 31, 32, 33, 38, 39. Et. Humbert, 1627, 28. B. Euvrard, 1629. P. Terrion, 1630. F. Moreau, 1636, 37, 38. R. Perret, 1640. (9998 à 10023). C. 26 p. B. et TB.

1930 P. Terrion, 1641, 1642 (10024, 25). Arg. 2 p. TB.

1931 — Même p. Comeau, 1643, 44, 45, 57, 58, 59. Soirot, 1645, 46, 54. Bossuet, 1647. Montgey, 1649. Millotet, 1651, 53, 54. Maleteste, 1652. Siredey, 1655, 56. La Croix, 1660, 61. J. de Frasans, 1662. Guillaume, 1663. Boulier, 1665, 66. Joly, 1667, 69. (10024ª, 25ª à 50). C. 35 p. La plupart TB.

1932 B. P. Baudinot, 1675. (10053). Arg. B.

1933 Jean Joly, 1681 (10059). Arg. B.

1934 Et. Baudinet, 1719, 1725, 1727 (10083, 87, 91). Arg. 3 p. TB.

1935 Jean Pierre Burteur, 1733, 39, 42, 48 (10094, 98; 10100, 3). Arg. 4 p. TB.

1936 Claude Marlot, 1751, 54 (10105, 8). Arg. 2 p. TB.

1937 N. Cl. Rousselot, 1766. Guillaume Raviot, 1772. Louis Moussier, 1787. (10111, 14, 19). Arg. 3 p. AB et TB.

1938 — Mêmes pièces que les précédentes, depuis le nº 1932 et autres (10054 à 58, 60 à 65, 67 à 71, 73 à 82, 84 à 86, 88 à 90, 92, 93, 95 à 97, 99; 10101, 2, 4, 6, 7, 9, 10, 12 à 13, 15 à 18, 20, 21). C. 55 p. B. et TB.

1939 *Parlement.* Louis XIV debout. ℞. La Justice, 1645. Autre, le roi assis, 1673, refr.? (10124, 28). Arg. 2 p. TB.

1940 — Même p. 1645 et autres. G. Le Gouz de Vellepesle, 1592, TB. J. de la Croix et Marie de Sayve, 1643; fruste. Fr. Béchard, s. d. (10122, 23, 25 à 27, 31). C. 6 p.

1941 *Eglises.* CAPELLE MERELLVS. La Ste chapelle. ℞. DVCVM BVRGVNDIE DIVIONE. Dans une bordure d'étoiles. 11 (10133). C. B. Rare.

1942 Méreau au St Jean. St Chapelle, s. d. et 1579. St Bénigne, 1567; fruste. Abbaye de St Seine, Gilbert de Beaufort. (10134 à 38, 43). C. 6 p.

1943 *Foraine.* LA FORAINE DE DIION 1552. Ecu de France. ℞. Chiffre d'Henri II. (10139). C. TB.

1944 *Monnaie.* GECTOIRS POVR LES OFFICIERS. Ecu de France. ℞. DE LA MONNAIE A DIION 1487. (10140). C. TB. Rare.

1945 IACQUE MONNYOT PREVOST DES OVVRIES 1586. Ses armes. ℞. POVR LES OVVRIES ET MONNOYERS DE DIION. Leurs armes. Pierre Canquoin, prévôt de la Monnaie de Dijon, 1593. (10141, 42). C. 2 p. B. Rares.

1946 **Autun.** Méreaux au St Lazare, s. d. et 1587 (10144 à 47). C. 4 p. B.

1947 **Auxerre.** *F. de Donadieu*, 1611. Arg. *E. Piretouy*, 1659. C. (10148, 49). 2 p.

1948 *Notaires.* Gnomon, 1748. ℞. Inscription. (10150). C. TB. Rare.

1949 **Auxonne.** *Etats*, 1583. *La Ville*, 1583, 1602, 13, 17. *Jurain*, 1621. *de Thyard.* (10151 à 57). C. 8 p. B. et TB.

1950 **Beaune.** *Clergé.* Méréaux Pl. 3 p. frustes. Le puits de Beaune, 1546, 73, 76, 85, 88. La Vierge, 1635. C. (10162 à 70). — Ens. 9 p.

1951 *Maires.* Lopin, 1635. Ferry, 1651. De la Mare, 1654, 76, 77. Parizot, 1658. Chevignard, 1660. Bérardier, s. d. Lorenchet, 1670. Tixier, 1673. Gillet, 1719. (10171 à 82). C. 12 p. B. et TB.

1952 J. FR. MAUFOUX MAIRE DE BEAUNE ELU. Ses armes. ℞. Armes des Etats, 1775. (10183). Oct. Arg. B. Rare.

1953 **Chalon.** *Charles de Neufchèze.* Ses armes, 1643. ℞. St Vincent 10185. Arg. TB.

1954 — Même p. C. Canal du centre, an 7. Et. **Bourbon-Lancy.** *Challemoux*, 1707. **Maconnais.** *Fr. de Chevriers* et Louise Parise. **Charolais.** *Charles le Téméraire*, 3 p. **Semur.** Méréau. **Vermanton** (*Badet de*). 1711. C. (10184, 86 à 88, 90 à 91b, 93, 94). — Ens. 10 p. B. et TB.

1955 **Citeaux.** *Louis de Baissey*, abbé, 1560 (10189). C. TB. Rare.

1956 **Nuits.** *Jean des Bruyères.* POVR IEHAN DES BRUYERES. Ses armes. ℟. BON COMPTE REIGLE LE MONDE. Globe traversé par une règle, monnaies, etc. (10191 c). C. TB. *Pl. XIV.*
1957 **Personnages.** *A. de Vienne.* Ecu parti de Vienne et de Luxembourg. ℟. Armes de Vienne parties de Choiseul, coupées d'Inteville (10197). C. TB. Rare.
1958 *Jacques de Vienne.* Ses armes. ℟. Monogr. (10198). C. B.
1959 *Dame de Montmorency.* Ses armes. ℟. A dans le champ. *I. P. I. F. C. P. G. de la Magdalene. Louis de Rye,* évêque de Genève. *Vergy,* 1561. *Hugues Lemaire,* 1570. *Frasans* et ..., 1572. (10195, 96, 99; 10200 à 2). C. 6 p. Rares.
1960 *Gaze de Rouvray.* SIS MITIS ET ÆQVVS. Ses armes. ℟. répété (10203). C. TB.
1961 *Bochart de Champigny,* surintendant des finances. Ses armes. ℟. Chien à l'arrêt. (10205). Arg. TB.
1962 *P. Grassin* et Charlotte Dupuy (10208). Arg. TB.
1963 *Fr. de Chevriers.* Armes du Marquis de St Mauris. ℟. LA GALERE PATRONNE DE MALTE 1700. Galère. (10210). Arg. TB. Rare.
1964 *Nagu de Varennes,* s. d. *Cl. de Bullion,* 1641. *Bouhier,* 1660. *Roger de Rabutin,* 1656. *J. B. de la Michodière* et Rochereau d'Hauteville, 1718. (10204, 6 à 7, 11). C. 5 p. B. et TB.
1965 **Divers.** Jetons et refrappes (9879, 9907, 7 a, 22 à 25, 71; 10051, 52, 66, 72, 97 a, 10104 a, 7 a, 29, 30, 32, 58 à 61, 92; 10209, 12, 14 à 19). Arg. 5 p. C. 22 p. Et. 4 p.

Franche-Comté

1966 Ecu au lion billetté. ℟. Rateau. TB. Autres, variés, frustes (10220 à 22). C. 3 p.
1967 **Besançon.** Charles V, 1547, 78, 81, 83, 87, 91, 92. Aigle, 1597. Ferdinand II, 2 p. (10223 à 33). C. 12 p. B.
1968 *Co-Gouverneurs.* 1623. Bannière d'Arenne, de Baptant, de Champmar, de St Pierre, de St Quantin. Armes de Bouquet, Cabet, Chappuis de Rosière, Chavirey de Recologne, Chevaney des Daniels, Henri, de Montrivel. (10234 à 45). C. 12 p. AB. et B.
1969 1624. Bannière de Le Bourg, de Champmar. Armes de Chevaney des Daniels, Chavirey de Recologne, Chappuis de Rosière. 1625. Bannière de Baptant, de Champmar, de St Pierre, du Bourg, de St Quantin. Armes de Chevaney des Daniels, de Tallenay. (10246 à 58). C. 14 p. B.

1970 1626. Armes de Tallenay. 1626, 27, 28, 30, de Chevaney des Daniels. 1630, 38. Armes de Labaume St Amour (10259 à 65). C. 7 p. B.

1971 Ferdinand III. Buste à dr. ℟. Armes de Besançon entourées des écus des sept bannières (10266). Or. TB. Très rare.
Pl. XIV.

1972 — Même p. (10267). 1648. Armes de Brocard de Lavernay, Flusin, Lisola, Orchamps, Petreman de Valay, Philippe, Bouvot (10268 à 74). C. Philippe IV. ℟. Plan de la ville, s. d. Arg. (10275). — Ens. 9 p. B.

1973 1665. Armes de Belin, Bouvot, Buson de Champdivers, Cabet, Chandiot, Chiflet, Fiard de Mercey, Duchesne, Franchet de Rans, Garinet, Henri, Linglois, Malarmé de Roussillon, Mareschal de Veset, Monnier-Noironte, Reud, Tinseau. (10276 à 80, 82 à 93). C. 17 p. B. et TB.

1974 1666. Hybride. Armes de Belin, Bouvot, Buson, Cabet, Chandiot, Chiflet, Duchesne, Fiard, Franchet, Henri, Jouffroy d'Abbans, Linglois, Malarmé, Mareschal de Veset, Monnier-Noironte, Orival, Reud, Tinseau. (10294 à 10312). C. 20 p. B. et TB,

1975 1667. Hybride. Armes de Belin, Billerey, Bouvot, Brocard de Lavernay, Chiflet, Duchesne, Flusin, Franchet, Guillemin, Henri, Jouffroy d'Abbans, Linglois, Mareschal de Veset, Mareschal de Bouclans, Monnier-Noironte, Mourey de Bartherand, Nardin et de Scey, Richard de Boussières, Sermange, Tinseau (10313 à 33). C. 21 p. B. et TB.

1976 1669. Armes de Varin d'Ainvelle, Belin, Billerey, Bouvot, Brocard, Cabet, Chandiot, Fiard, Franchet, Linglois, Mareschal de Vezet, Mareschal de Bouclans, Marin, Tinseau; hybride s. d. aux armes de Varin et de Buson. 1671. Charles II d'Espagne; armes de Buson, Guillemin, Mareschal de Veset (10334 à 52). C. 19 p. La plupart B. et TB.

1977 *Clergé.* Méreaux. C. et Pb. 2 p. Perrenot de Granvelle, 1584, 85 et s. d. C. (10357 à 62). 6 p.

1978 **Dole.** Chambre des comptes 1562, 63, 70, 73, 79, 84, 86, 89, 91, 1604, 11, 29. (10363 à 74 a). C.

1979 **Salins.** GETTOIRS POVR LA SAVLNERIE DE SALINS. Ecu mi-parti de Bourgogne et de Savoie (10376). C. B.

1980 Buste de Charles V, 1540. Buste de Philippe II, 1567, 77, 80, 84, 88. (10377 à 83). C. 8 p. AB. B. et TB.

1981 **Divers.** PAR RAISON AYMERIES. Ecu écartelé aux armes de Raulin et de sa femme d'Aymeries. ℟. Sphère. 1550 (10384). C. B.
1982 Lot de jetons et refrappes (10281 ; 10333 a, 53 à 56, 75, 85 à 91 a). Arg. 2 p. C. 12 p. B. et TB.

Nivernais

1983 **Comtes et ducs.** *Jean de Clamecy.* SE BIEN ANVIEN. SE BIEN ANVIEN. Ses armes. ℟. Même légende. Quatre bâtons noueux entre-croisés. (10392). Arg. TB. Très rare. *Pl. XIV.*
1984 — Même p. (10393). C. TB. Rare.
1985 — Autre. AB. et variété hybride. B. (10393 a, 94). C. 2 p.
1986 *Charles de Clèves.* PRO CAMERA COMPOTORVM NIVERNENSIS. Armes de Clèves-Nevers. ℟. Même légende. Casque et cimier de la maison de Clèves. (10395). C. TB. Très rare. *Pl. XIV.*
1987 *Jean d'Albret.* IEHAN DALEBRET CONTE DE NEVERS. Ses armes. ℟. SEIGNEVR DORVAL ET DE RETEL. Croix dans une rosace (10396). C. TB. Très rare. *Pl. XIV.*
1988 *Marie d'Albret.* MARIE DALEBRET CONTESSE DE NEVERS. Armes de Charles de Clèves et de Marie d'Albret. ℟. O MATER DEI MEMENTO MEI. Bâtons et plumes enlacés. (10398). C. TB. Très rare. *Pl. XV.*
1989 — Variété. A. B. Autre, écu losangé ; troué (10397, 99). C. 2 p.
1990 *François de Clèves.* FRANCOYS DVC DE NIVERNOYS. Ses armes. ℟. Cygne (10401). C. TB. Rare.
1991 — Variété. (10400). C. B.
1992 *Louis de Gonzague* et Henriette de Clèves. Leurs armes. ℟. Le mont Olympe, 1567. (10402). C. B.
1993 Armes. ℟. Autel portant la date, 1579. Autres, 1582, 1641, 1651, 1688, 1722. (10403, 5, 41, 45, 48, 51). Arg. 6 p. B. et TB.
1994 — Autres, dates variées de 1580 à 1722 (10404, 6 à 40, 42 à 44, 46, 47, 49, 50, 52 à 54). C. 49 p.
1995 *Charles I de Gonzague.* Buste d'Henri IV, 1608. Armes de Gonzague-Nevers, 1608. (10455 à 57). C. 4 p. B.
1996 NON MVTVATA LVCE. Soleil. ℟. SEMPER IDEM. Le mont Olympe. 1612 (10461). Arg. B. Rare.
1997 Armes de Charles de Gonzague, 1610, 13, 14, 31. (10460, 62 à 66). C. 5 p.
1998 Catherine de Lorraine. Armes de Gonzague-Nevers parties de Lorraine, 1608, 11. (10458, 59). *Charles II.* Refr. 1651. Autre. ℟. Trois pensées, s. d. (10466, 67). C. 4 p.

1999 **Nevers**. *La ville*. s. d. et 1568, 75, 92, 1608, 12. *Casimir*, roi de Pologne. (10468 à 80 [a]). C. 16 p. AB. B. et TB.

2000 **Divers**. MEREAV DV MONT AV LIMPE. Trois lis. ℟. Lis dans un fort (10493). C. B. Rare.

2001 Moulnoury, 1640. Th. de Bèze, par Dassier. Salonier; Oct. Arg. P. de Chaludet. J. et Cl. de Bèze. Refrappes diverses (10481 à 92). Arg. 1 p. C. 10 p. AB. et TB.

Lyonnais

2002 **Prévôts et échevins de Lyon**. Buste de Louis XIV, 1643. ℟. LVGDVNVM DEVOTA LVDOVICO. Ecu de Lyon. (10746). Arg. TB.

2003 1638. Ecu de France. ℟. Armes de Lyon. *Eléonor de Baillon*. Ses armes. ℟. Ecus des 4 échevins. *Pierre de Sève*. (10497 à à 10500). C. 4 p. AB. B. et TB.

2004 *Gaspard de Montconys*. Ses armes. ℟. 4 écussons. *Jacques Guignard*, 1654. *Huges de Pomey*, 1661. *Michel*, *Ferrus*, *Ponsaimpierre*, *Thomé*. Main passant une monnaie sur une pierre de touche. *Ant. du Sauzey*, 1663. (10501 à 5). C. 5 p. AB. B. et TB.

2005 *Fr. Chappuis*. Ecu timbré d'un casque. ℟. Paysage sous le signe du lion. (8035, 10506 [a]). C. 2 p. B.

2006 *Fr. Lumague*. Même type. *Gaspard Charrier*. Ses armes, 1665. ℟. Navire. *Nicolas Prost*. Même type. *Jean Vacheron*. Même type. (10506 à 8, 10, 11). C. 5 p. B.

2007 *Cl. de Madières*. Ses armes. ℟. du précédent. (10509). C. TB.

2008 *Etienne Berton*. Ses armes. ℟. Lion couché et main céleste, 1667 (10515). C. TB.

2009 *Pierre Boisse*. Même type (10516). C. TB.

2010 *François Savaron*. Même type (10513). C. TB.

2011 *Paul Mascranny*. B. *André Falconnet*. Fruste. *Ant. Blauf*. B. (10512, 14, 17). C. 3 p.

2012 *Constant de Silvecane*. Ses armes. ℟. Horloge sur une table, 1670. (10518). Arg. B. Rare.

2013 — Même p. (10519, 20). C. 2 p. AB. et B.

2014 *Claude Cachet*. Ses armes. ℟. du précédent (10521). Arg. TB. Rare. *Pl. XV*.

2015 — Même p. *Laurent Anisson*. Même type. (10522, 24). C. 2 p. AB. et B.

2016 *Jean Carrette*. Même type (10523). C. B. Rare.

2017 *Jean Fr. Philibert.* Ses armes. ℟. Pont, 1672. (10527). C. TB.

2018 *Guillaume Périer.* Même type. (10529). C. TB.

2019 — Même p. *Jean Charrier.* Même type. *Jacques Cogniat.* Armes de Charrier. ℟. Armes de Cogniat. (10528, 25, 26). C. 3 p. AB.

2020 Armes de Jacques Cogniat. ℟. Pont, 1672 (10530). C. B.

2021 *Claude Pécoil.* Ses armes. ℟. Justice assise, 1674. *J. B. Giraud. Jean Grégaine. Louis de Cotton. Philibert de Masso.* Même type. (10531 à 35). C. 5 p. AB. et B.

2022 *L. Ponsainpierre.* Ses armes. ℟. Tiges de lis, roses et étoiles, 1676. B. *P. Maillet.* Même type. AB. (10536, 37). C. 2 p.

2023 *André Artaud.* Ses armes. ℟. Armes de Lyon, 1678. (10538). Arg. TB. Rare. *Pl. XV.*

2024 *Paul d'Aubarède.* Ses armes. ℟. du précédent. (10539). C. TB. Rare.

2025 *Guillaume Bollioud-Mermet.* AB. *Léonard Bathéon.* B. Même type. (10540, 41). C. 2 p.

2026 *Louis Gayot.* Ses armes. ℟. Naissance du duc de Bourgogne, 1682. (10542). Arg. TB. Rare. *Pl. XV.*

2027 *Claude Trollier.* Ses armes. ℟. du précédent (10543). C. TB.

2028 *François Beneon.* Ses armes. ℟. du précédent. (10544). Arg. TB.

2029 *G. Barailhon.* Armes de Pierre de la Roue. ℟. Armes de Jean Claret. (10545). C. B.

2030 *Dulieu.* Ses armes. ℟. Vue de la ville, 1692 (10546). C. TB.

2031 — ℟. La ville debout devant la France (10547). Autre. ℟. Ecus des 4 échevins (10548, 49). C. et C. argenté. 3 p. TB.

2032 — ℟. Ecu de Mathieu Aumaistre. — Ecu de Mathieu Delafont. — Ecu de Barthelemy Dareste. — Ecu d'André de Choisity. (10550 à 53). C. 4 p. B. et TB.

2033 *Aumaistre* et *Delafont.* Armes des précédents. *Barthelemy Dareste.* Ses armes. ℟. La ville debout devant la France, 1692. (10554, 55). C. 2 p. TB.

2034 *Ant. Constant.* Ses armes. ℟. Louis XIV à cheval. 1697. (10559). Arg. TB. Rare. *Pl. XV.*

2035 *Glatigny, Colabeau, Constant, Olivier.* Leurs armes. ℟. du précédent. *G. de Glatigny.* Même type. (10556, 57). C. 2 p. B.

2036 *Jacques Colabeau.* Ses armes. ℟. du précédent. (10558). C. B.

2037 *Louis Dugaz.* Ses armes. ℟. Ecus des 4 échevins, 1699. *Jean Vaginay.* Même type, 1701, 1703. (10560 à 62). C. 3 p. B. et TB.

2038 Armes de Jean Vaginay, 1703. ℟. Armes de Lyon. (10563). C. B.
2039 *J. de Bonnel.* Ses armes. ℟. Armes de Lyon (10564). C. B.
2040 *Fr. Goullard* Ses armes. ℟ du précédent. (10565). C. B.
2041 *François de Costa.* Ses armes. ℟ du précédent. (10566). C. TB. Rare. *Pl. XV.*
2042 *Antoine Bouchage.* Ses armes. ℟. du précédent. (10568). C. TB Rare.
2043 — Même p. un peu moins belle (10567). C.
2044 *Cachet de Montesan* et les 4 échevins, 1705, 1707. *Fr. Dufournel.* Ses armes. ℟ Armes de Lyon. (10569, 71, 72). C. 3 p. TB.
2045 *Mathieu Delafont* Ses armes. ℟. du précédent (10570). C. TB. Rare.
2046 *Dervieu, Bourgelat, Trollier, Aussel.* 707. Leurs armes. ℟. du précédent (10573). C. B. Rare
2047 *André Aussel.* Ses armes. ℟. du précédent (10575). C. TB. Rare. *Pl. XV.*
2048 *Pierre Bourgelat.* (10574). *Louis Ravat,* 1709 (10576). Même type. C. 2 p. AB et TB.
2049 Mêmes armes de Ravat, 1709. ℟. Ecus des 4 échevins. (10577). Arg. TB.
2050 — Même p. et autre, 1711. *François Yon.* Ses armes. ℟. Armes de Lyon. (10578 à 80). C. 3 p. B. et TB.
2051 *Basset.* Ses armes. ℟. Armes de Lyon. (10581). C. TB. Rare.
2052 *Louis Ravat.* Ses armes. ℟. Ecus des 4 échevins, 1713. (10582). Arg. TB.
2053 Même type. ℟. Armes de Lyon (10584). Arg. TB.
2054 — Mêmes p. et autre, 1715. ℟. Ecus des 4 échevins (10583, 85, 86). C. 3 p. TB.
2055 *Courbeville, Gacon, Borne, Laureau.* Leurs 4 écus, 1715. ℟. Armes de Lyon (10587). Arg. B.
2056 *Pierre Gacon.* Ses armes. ℟. du précédent. (10588). Arg. TB.
2057 *Courbeville.* Ses armes. ℟. du précédent. (10589). C. TB. Rare.
2058 *Pierre Cholier.* Ses armes. 1717. ℟. Armes de Barthelemy Dareste. (10590). C. TB. Rare.
2059 *Albanel, Renaud, Goiffon, Peysson,* 1717. (10591, 92). C. 2 p. TB.
2060 *Benoit Renaud.* Ses armes. ℟. Armes de Lyon. (10593). C. B. Rare.
2061 *Jean Baptiste Goiffon.* Ses armes. ℟. Armes de la ville. (10594). Arg. TB. Rare. *Pl. XV.*

2062 *Jannon*, *Perrin*, *Bourlier*, *Castiglioni*, 1719. *Bourg*, *Estienne*, *Michon*, *Michel*, 1721. (10595, 97, 98). C. 3 p. B. et TB.

2063 *Ph. Bourlier*. Ses armes. ℟. des précédents. (10596). C. TB. Rare.

2064 *Raymond Estienne*. Ses armes. ℟. Armes de Lyon (10599). Arg. TB. Rare. *Pl. XV*.

2065 — Même p. (10600). C. TB.

2066 *J. B. Michel*. Ses armes. ℟. semblable (10601). C. B.

2067 *Pierre Cholier*. Ses armes. ℟. Ecus des 4 échevins. 1723 (10602). C. TB.

2068 *François Dusoleil*. Ses armes. ℟. Armes de Lyon soutenues par la Saône et le Rhône assis (10604). C. TB. Rare.

2069 *Joseph Reverony*. Ses armes. ℟. du précédent. (10605). C. TB.

2070 *Goy*, *Rolland*, *Dusoleil*, *Reverony*, 1723. *Laurent Dugaz*, 1725, 1727, 1729. (10603, 6, 8, 9, 11). C. 5 p. B. et TB.

2071 *Pierre Agniel*. Ses armes. ℟. Armes de Lyon entre le Rhône et la Saône debout (10607). C. TB. Rare.

2072 *Jacques Terrasse*. Ses armes. ℟. du précédent. (10610). C. B. Rare.

2073 *Barthélemy Terrasson*. Même type (10613). C. TB.

2074 — Même p. (10612). C. B.

2075 *Alexandre Regnaud*. Même type. (10614). C. B. Rare.

2076 *L. Guichard*. Même type (10615). C. TB.

2077 *Camille Perrichon* et les 4 échevins, 1731, 1733. Autre. ℟. Armes de Lyon, 1735. (10616, 17, 19). C. 3 p. TB.

2078 Même armes. ℟. Ecus des 4 échevins. Bertin, Girard, Ollivier, Torrent. 1735. (Non décrit. *Poncet* 137a). C. TB. Rare.

2079 *Dominique Birouste*. Ses armes. ℟. Armes de Lyon entre le Rhône et la Saône debout (10618). C. TB. Rare.

2080 *Aymé Bertin*. Même type. (10620). C. TB.

2081 *Mathieu Girard*. Même type. (10621). C. TB.

2082 *David Ollivier*. Même type. (10622). C. TB. Rare.

2083 *Camille Perrichon*. Ses armes, 1737. ℟. Ecus des 4 échevins. (10623). Arg. TB.

2084 — Même p. et autre, 1739. (10624, 27). C. 2 p. B. et TB.

2085 *Pierre Flachat*. Ses armes. ℟. Armes de Lyon. (10625). C. TB.

2086 *Jacques Soubry*, Ses armes. ℟. semblable. C. TB. Rare.

2087 *Ennemond Mogniat*. Ses armes. R. du précédent. (10628). Arg. TB.

2088 *Claret de la Tourette.* Ses armes. 1741. ℟. Ecus des 4 échevins. (10629). Arg. TB.

2089 Autre, 1743. (10633). Arg. TB. Rare.

2090 — Mêmes p. 1741, 1743. (10630 à 32, 34, 35). C. 5 p. AB. et TB.

2091 *Marc-Antoine Chappe.* Ses armes. ℟. Armes de Lyon (10636). Arg. TB.

2092 *Pierre Valfray de Salornay.* Ses armes. ℟. du précédent. (10637). C. FDC.

2093 *Hugues Riverieulx de Varax*, 1747, 1749. *Deschamps, Ravachol, Dumarest, Rigod*, 1747. (10638, 40, 42). C. 4 p. TB.

2094 *Antoine Pannier.* Ses armes. ℟. Armes de Lyon. (10639). Arg. TB.

2095 *Jean Marie Ravachol.* Ses armes. ℟. dn précédent. (10641). C. TB. Rare.

2096 *Jacques Bourbon.* Ses armes. ℟. semblable (10643). Arg. TB.

2097 *Pierre Dugaz.* Ses armes, 1751. ℟. du prccédent. (10644). Arg. TB.

2098 — Mêmes p. *Jean Flachat*, 1753, 1755. (10645 à 47, 50). C. 4 p. TB.

2099 *Jean François Genève.* Ses armes. ℟. Armes de Lyon. (10648). Arg. TB.

2100 *J. B. Flachat.* Ses armes, 1755. ℟. Armes de Lyon (10649).Arg. TB.

2101 *J. Leroy du Molard.* Ses armes, 1755. ℟. semblable. (10651). Arg. TB.

2102 *Claude Briasson.* Ses armes, 1757. ℟. Armes de Lyon entre le Rhône assis et la Saône couchée. (10652). Arg. TB.

2103 *Christophe de la Rochette.* Ses armes, 1757. ℟. du précédent. (10653). Arg. TB. Rare. *Pl. XV.*

2104 *François Clapasson.* Ses armes. ℟. du précédent. (10654). Arg. TB.

2105 *J. B. Flachat.* Ses armes, 1761. ℟. du précédent (10655). Arg. TB.

2106 Autre, 1763 (10656). Arg. TB.

2107 — Mêmes p. 1751, 1763. (10655a , 57, 58). C. 3 p. B. et TB.

2108 *Leclerc de la Verpillière.* Ses armes, 1765. ℟. des précédents. (10659). Arg. TB. Rare. *Pl. XV.*

2109 *André Rambaud*, 1769. Ses armes. ℟. semblable. (10660). Arg. TB.

2110 *Jean François Clavière*. Ses armes, 1771. ℞. semblable. (10661). Arg. FDC. *Pl. XV.*

2111 *Antoine Chirat*. Ses armes, 1771. (10662). Arg. TB.

2112 *Jean Jacob*. Ses armes. 1772 (10663). C. TB.

2113 *Felix Sponton*. Ses armes, 1773 (10664). C. TB. Rare.

2114 *Prost de Royer*. Ses armes. 1773 (10665). Arg. TB.

2115 — Même p. (10666). C. TB.

2116 *Honoré Beuf*. Ses armes, 1773. (10667). Arg. TB. Rare.

2117 *Antoine Torrent*. Ses armes, 1774. (10668). C. TB. Rare.

2118 *Mathieu Chancey*. Ses armes, 1774. (10669). Arg. TB.

2119 *Mathieu Rast*. Ses armes, 1776. (10670). Arg. TB.

2120 *François Muguet*. Ses armes, 1776 (10671). C. AB. Rare.

2121 *Benoit Coste*. Ses armes, 1777 (10672). Arg. TB.

2122 *Marc-Antoine Bloud*. Ses armes, 1777. (10673). C. FDC.

2123 *A. Fay de Sathonay*. Ses armes, 1779. (10674). Arg. FDC. Rare. *Pl. XV.*

2124 *Henri de Croix*. Ses armes, 1780. (10675). C. TB.

2125 *Henri Jordan*. Ses armes, 1780 (10676). C. TB.

2126 *Louis Reboul*. Ses armes, 1781. (10677). C. TB. Rare.

2127 *Jacques M. Muguet de Montgaland*. Ses armes, 1782. ℞. Ecu de Lyon, signé D. V. (10678). Arg. FDC.

2128 *Philippe Choignard*. Ses armes, 1783. Armes de Lyon entre le Rhône assis et la Saône couchée (10679). Arg. TB.

2129 *Léonard Gay*. Ses armes, 1784. ℞. du précédent. (10680). Arg. TB.

2130 *Jacques Imbert Coleme*. Ses armes, 1789. (10681). C. AB.

2131 *Ex-consuls*. VIRIS CONSULARIBUS. Dans une couronne PATRIA MEMOR. Dessous, MDCCLVI. (10682). Arg. TB.

2132 **Archevêques**. Méreaux et fragments aux armes de *Villars-Thoire*, de *Savoie*, de *Thurey*, d'*Alençon*. (10684, 86 à 92). Pb. 8 p.

2133 *Alphonse, cardinal de Richelieu*. Ses armes. ℞. L'archevêque debout. A l'ex. CAM. HOSP. 1635. (10698). Arg. TB.

2134 — Même p. Autre, 1649. (10698a, 99). C. 2 p. B. et TB.

2135 *Camille de Neufville de Villeroy*. Ses armes. ℞. Ecu parti de Dugué et de Turpin (10700). C. B.

2136 Mêmes armes. ℞. Justice assise; à l'ex. 1674. Autre. ℞. Deux C enlacés. (10701, 2). C. 2 p. B. et TB.

2137 Même écu varié. ℟. Tiges de lis, roses et étoiles, 1676. Autre. ℟. Naissance du duc de Bourgogne, 1682. (10703, 4). C. 2 p. TB.

2138 *Malvin de Montazet.* Ses armes. ℟. Armes de Lyon (10705). Arg. TB. Rare. *Pl. XV.*

2139 *Chateauneuf de Rochebonne.* Ses armes. ℟. Armes de Lyon. (10706). C. TB. *Pl. XV.*

2140 *Guérin de Tencin.* Son buste. ℟. Ecu à ses armes surmonté du chapeau. (10707, 8). Arg. et C. 2 p. TB. et FDC.

2141 **Gouverneurs.** *Charles de Neufville de Villeroy.* 1621. Fruste (10709). *François de Neufville de Villeroy.* Ses armes sur le manteau ducal. ℟. Ecu de la ville. TB. (10711). C. 2 p.

2142 Même pièce, autre coin. (10710). Arg. TB.

2143 Ecu sur deux bâtons posé sur un manteau soutenu par deux chevaux. ℟. La Ville, tenant les armes de Villeroy, assise sur un lion qui tient les armes de Créqui (10712). Arg. TB.

2144 Même écu. ℟. Statue équestre de Louis XIV, 1697. (10713). C. TB.

2145 Ecu sur deux bâtons, soutenu par deux chevaux, le tout sur un manteau et surmonté de la couronne ducale. ℟. Armes de Lyon accostée du Rhône et de la Saône debout. (10714). Arg. TB. *Pl. XV.*

2146 — Même type. ℟. légèrement différent. (10715). C. TB.

2147 Ecu sans bâtons ni tenants posé sur le manteau. ℟. semblable à celui du 2145, autre coin. (10716). Arg. TB.

2148 Même type varié. ℟. Ecu de la ville entre le Rhône assis et la Saône couchée (10717). Arg. TB.

2149 Ecu couronné soutenu par deux chevaux. ℟. du 2146 (10718). C. TB.

2150 **Intendants.** *Leclerc de la Verpillière.* Ses armes. ℟. Armes de Lyon (10719). C. B.

2151 *Dugué de Bagnols et Marie Angélique Turpin.* Ecu parti à leurs armes. ℟. Lion couché et main céleste, 1667. (10720). C. B.

2152 *A. Meliand.* Ses armes. ℟. Armes de Lyon (10721). C. B.

2153 *Bertrand Pallu.* Ses armes. ℟. du précédent. (10722). C. TB.

2154 *Charles Trudaine.* Ses armes. ℟. Le même (10723). C. TB.

2155 *Jacques de Flesselles.* Ses armes, 1769. ℟. Ecu de Lyon entre le Rhône assis et la Saône couchée. (10725). Arg. TB.

2156 **Divers.** *Monnaie.* FRAN. NVROLLES GARDE DE LA MONOYE DE LYON. Ses armes. ℟. DV TEMPS DV ROY FRANCOYS PREMIER DE CE NOM. Ecu de France. (10729). C. B. Très rare. *Pl. XV.*

2157 *Mathurin Laisné.* Ses armes. ℟. La Monnaie debout (10730). C. B.

2158 *Nicolas Foy,* seigneur de St Maurice. Ses armes. ℟. Ecu écartelé. (10731). C. TB.

2159 *Procureurs.* Th. de Moulceau. Ses armes. ℟. La Justice, 1674. Berthaut. Ses armes. ℟. Statue équestre de Louis XIV, 1697. (10732, 33). C. 2 p. B.

2160 *Bathéon de Vertrieu* et Gaultier. ℟. du précédent, 1697 (10734). C. B.

2161 *Trésoriers.* Jacques Daveyne et Catherine de Molla. Armes de Daveyne. ℟. Ecu mi-parti. (10735). Arg. TB.

2162 Alex. Antoine Regny. Ses armes, 1785. ℟. Ecu de Lyon entre le Rhône assis et la Saône couchée. (10736). Arg. B.

2163 Nicoleau. Ses armes. ℟. du précédent. (10738). Arg. TB.

2164 — ℟. Ecu entre le Rhône et la Saône debout (10737). Arg. TB.

2165 *Pierre Perrichon.* Ses armes soutenues par deux lions. ℟. du précédent. (10741). Arg. TB. *Pl. XV.*

2166 — Ecu sans les supports et surmonté d'un casque (10739, 40). C. 2 p. variées. TB.

2167 *Receveurs.* Marc. Ant. Perrin, 1674. (10742). C. *Voyer de la ville.* Berthaut. Ses armes. ℟. Armes de Lyon. (10744, 45). Arg. RF ? C. Fruste. — Ens. 3 p.

2168 – Semblable au précédent. ℟. légèrement varié (10743). Arg. TB.

2169 *Académies,* etc. Ecu de la ville. ℟. Autel de Lyon, 1700, 2 p. variées. Arg. Autres; autel. ℟. Inscription. Arg. et C. Tête d'Apollon par Barre, 1828. Arg. (10747 à 50). 5 p. TB.

2170 Société royale, 1713, 2 p. variées. Arg. Académie des beaux-arts, 1713. C. (10752 à 53). 3 p. TB.

2171 *Notaires.* Armes royales tenues sur un lion par deux anges, 1715, 2 p. Armes royales sur lion, 1805. (10760 à 61). Arg. 3 p. TB.

2172 *Agents de change.* Armes de Lyon. ℟. Livres, plume, caducée, 1773, Autre, signé LEB. N. Buste de Bonaparte. ℟. analogue au précédent, 1809. (10762 à 64). Arg. 3 p. TB.

2173 *Avoués.* La Justice et la Loi, an IX. C. Autres, s. d. signés *Mercié à Lyon* (10767 à 71[a]). Arg. 2 p. C. 4 p.

2174 *Médecine*. Coq et serpent; à l'ex. COLLEG. MEDIC. LVGD. ℞. Esculape soignant un soldat (10772). Arg. TB.

2175 — Même p. C. B. Buste d'Hippocrate, 1789. C. Fruste. Autre. ℞. Serpent enlaçant un arbre. Arg. TB. (10772ª à 74). 3 p.

2176 *Maitres d'écoles*. Armes de la ville. ℞. Inscription. (10775). *Société d'agriculture*. Soleil dans une couronne. Oct. (10776, 76ª). Arg. 3 p. TB.

2177 *Chambre de commerce*. LA CHAMBRE DU COMMERCE DE LYON. Ecu soutenu par le Rhône et la Saône. ℞. Armes de Lyon entre le Rhône assis et la Saône couchée (10777). Arg. TB.

2178 — ℞. VERA REFERT. Cadran solaire. A l'ex. COLLEG. X VIR. LVGD. COMMERC. REG. 1704. (10778). Arg. TB.

2179 — 1705. Ruche (10779). C. TB.

2180 — 1707. Boussole sur une poupe (10780). C. TB. *Pl. XVI.*

2181 — 1713. Soleil éclairant le globe. (10781). C. TB.

2182 — 1715. Corne d'abondance. (10783). C. TB.

2183 — 1716. Le soleil sur des oliviers. (10784). Arg. TB.

2184 — 1717. Caducée. (10784ª). Arg. TB. *Pl. XVI.*

2185 A. F. MELIAND. CH R. CONS DV ROY MR DS REE ORDE INTENDT D. L. GEN. D. LYON. Ses armes. ℞. du précédent. (10724). C. FDC.

2186 Armes de la chambre. ℞. MVNERIBVS PRETIOSA SVIS. Le Rhône et la Saône. Au second plan, semeur. Autre; écu de Lyon surmonté de la tête de Louis XV. ℞. du précédent (10782, 85). Arg. 2 p. TB.

2187 Armes de la chambre. ℞. JEAN JOSEPH PALERNE DEPUTE DU COMMERCE DE LYON 1723. Ses armes. (10823). Arg. TB. Rare. *Pl. XVI.*

2188 *Arquebusiers*. Armes de la ville. ℞. ET JOCIS ET BELLO. Fanion et arquebuses en sautoir (10787 à 89). Arg. 4 p. TB.

2189 Compagnie de l'arquebuze de Villeneuve de Lyon, s. d. (10786). Armes de Lyon. ℞. Apollon; à l'ex. ACAD. LVGD. SAGIT. (10751). Arg. 2 p. TB.

2190 *Drapiers*. Armes de Lyon. ℞. La Toison d'or, la nef et le dragon, 1755 (10791). Arg. TB.

2191 *Fécandiers*. Ecu de Lyon. ℞. Minerve instruisant deux petits génies. A l'ex. FABRIQVE DES ETOFFES DE SOYE OR ET ARGENT 1745 (10792). Arg. TB.

2192 Tête de Louis XV. ℞. Mercure secourant une femme, 1760. (10785ª). Arg. B.

2193 *Imprimeurs*. Leur écu accolé à celui de la ville. ℟. Minerve devant une presse. (10794). Arg. TB.

2194 **Villes**. Méréaux de *St Chamond*, C., de *Villefranche*, Pb. Avoués de Villefranche. Arg. et C. Loge du Parfait Accord. C. Canal de *Givors*. Arg. et C. (10796 à 10804). Arg. 2 p. C. 7 p. Pb. 1 p. Quelques refrappes.

2195 **Personnages**. *Antoine Scarron*. MRE M. ANTH. SCARRON SR DE VAVRE ET D. VAVIOVR. Ses armes. ℟. DAME CATHERINE TADDEY. Ses armes. (10494). Arg. TB. Très rare. *Pl. XVI*.

2196 *Pierre Scarron*. PIERRE SCARRON TRESOR GNAL D. FRAN. Ses armes. ℟. Mains jointes et corne d'abondance. (10496). C. TB.

2197 *Pierre de Baillon*. Ses armes. ℟. Androclès et le lion, 1601. (10495). C. B.

2198 *Guy Bourgeois*. Ecu portant un griffon. ℟. Ciboire. (10806). C. AB. Rare.

2199 *Etienne Rivoire*. Ses armes. ℟. St Etienne debout, 1547 (10807). C. B.

2200 *Antoine de Laubespin*. Ses armes. ℟. Le même, 1576. (10808). C. B.

2201 *Claude Gouffier*, comte de Carvatz. Ses armes. ℟. HD en monogr. (10809). *C. Dumolin* et Marguerite Vectier, 1632. (10810). C. 2 p. B.

2202 *Charles de Laubespine*. Ses armes. ℟. Aubépine (10811, 11a). C. 2 p. B. et TB.

2203 *Mathieu Chappuis* et Madeleine Gueston. Jeton anépigraphe à leurs armes. (10813). C. B.

2204 *Michel*. Ses armes. ℟. Statue équestre du roi, *Jean de la Forcade*. Troué. *La Chaise d'Aix*. Ecu cerné de palmes. ℟. Justice assise, 1674. *Regnauld de Glarins*. Même justice. (9228, 10814 à 16). C. 4 p.

2205 *Louis de Trellon*, 1676. *Pierre Gaultier* et Marie-Louise de Barcos. *Bathéon de Vertrieu* et Bonne Pupil des Sablons, 2 p. (10817, 20a, 25, 26). C. 4 p. AB. et TB.

2206 *Pierre Ratton* et Marie Regnauld (10818). C. B.

2207 *Louis de Rochefort* et Catherine de Laurencin. Leurs armes. ℟. Mains jointes (10819). C. B.

2208 *Claude Bronod*. Ses armes. ℟. Armes de Lyon. (10822). C. B.

2209 *Maréchal de Villeroy*. N. DE NEVFVILLE D. DE VILLEROY. Son buste à dr. ℟. P. ET MAR. DE FR. CHEF DU CON. R. DES FIN. 1676. Ses armes. (10821). Arg. FDC. *Pl. XVI*.

2210 *Louis Nicolas de Neufville de Villeroy* et Marguerite Le Tellier. Leurs écus accolés. ℟. Ecu de Lyon. (10828). C. B.

2211 *Marie Josèphe de Boufflers*, marquise d'Alincourt. Ecus accolés. ℟. Ecu de Lyon (10827). C. TB.

2212 *Pierre Joseph Henri Scepeaux*. Ses armes. ℟. Armes de Lyon. (10829). Arg. B. *Pl. XVI.*

2213 *Fenoyl-Thurrey.* NON GENER COMIT. TAVR. BARON DEFENICVLD. Armes de Gaillardon de Fenoyl-Thurrey. ℟. VTRAMQVE MEI MERVERE CORONAM. Minerve (10830). C. TB. *Pl. XVI.*

2214 **Lot** de jetons et refrappes (10726 à 28, 53ª à 55, 58, 59, 65, 66, 90, 90ª, 93, 93ª, 95, 95ª, 10811ᵇ, 24). Arg. 2 p. C. 12 p. Et. 4 p.

Beaujolais.

2215 Armes de Marie-Louise d'Orléans? de Beaujeu. ℟. QVISQVE SVAM. Constellation dans une couronne. A l'ex. CVRIA BELLIVOCENSIS. (10831). Arg. B. Rare.

2216 **Dombes**. *F. de Bourbon*, 1584. *Henri de Montpensier*, 1585, *Marie de Montpensier*, 1614. (10836, 37, 38ª). C. 3 p.

2217 — Semblable au précédent. (10838). Autre, 1626. Lis sur un rivage (10839). Arg. 2 p. B. et TB.

2218 *Gaston de France.* GASTON DE FRANCE FRERE VNICQVE DV ROY. Ses armes. ℟. EFFICITVR PORTVS MEDIVM MARE 1630. Navire. Autres. ℟. Soleil, 1631. — ℟. Lune, 1635. (10840, 41, 43). Arg. 3 p. B.

2219 — Trophée, 1636. Gaston deb. et foule à genoux, même date. (10844, 45). Arg. 2 p. B.

2220 — Lauriers, 1637. Nœud gordien, 1638. (10847, 49). Arg. 2 p. TB.

2221 — Echelle dans le ciel étoilé, 1639. Arc, 1640. Soleil et lune, 1641. (10850 à 52). Arg. 3 p. TB.

2222 — Lis, 1642. Laurier, 1643. Aigles, 1644. (10853, 55, 56). Arg. 3 p. B. et TB.

2223 — Deux couronnes, 1645. Atlas, 1646. Trophée, 1647. (10858, 60, 62). Arg. 3 p. B. et TB.

2224 Hercule et Mercure, 1648. Lune, 1649 (10863, 65). Arg. 2 p. TB.

2225 — 1634, 36, 37, 41, 42, 44, 45, 46, 48, 49. (10842, 46, 48, 52ª, 54, 57, 59, 61, 64, 66). C. 9 p. Pb. 1 p.

2226 *Mademoiselle.* ANNE MARIE LOVISE SOVVER. DE DOMBES. Ses armes. ℟. CORONANDA FLORESCO, 1653. Lis entre deux grenades (10871). Arg. TB.

2227 TOT SEDES VNICA FIRMA. Grenade sur un laurier, 1635. ℟. Ciel étoilé (10868). Arg. B.

2228 Même p. Autres, 1633, 37, 74 et uniface (10867, 69, 70, 72, 74). C. 5 p.

2229 **Pont de Vaulx**. *Philippe de Gorrevod*, 1670. Méréaux. Pb. 2 p. (10876, 77). **Trévoux**. Méréaux, 1555 et s. d. *Affinage*, 1766. (10888 à 90). C. 3 p. — Ens. 5 p. B. et TB.

2230 **Belley**. Main. ℟. St Jean. Autres. ℟. Agneau. Méréaux (10878 à 87). C. 10 p.

2231 **Personnages**. FRANCOIS DE COVLLIGNY SIEVR DANDELOT. Ses armes. ℟. Trophée. (10893). C. TB. Rare.

2232 HIER. DE CHASTILLON PR^R PREST D. PARL^T . D. DOMBES. Ses armes. ℟. ET HELEYNE DE VILLARS SA FEMME. 1571. Ecu parti. (10894). C. B.

2233 Armes de Bullion. ℟. GABRIEL JEROME DE BVLLION COMTE D'ESCLIMONT PREVOST DE PARIS 1722. (10897). Oct. Arg. B.

2234 *Laurent de Gorrevod* et sa femme, Claude Rivoire (10892). AB. *Montrimon*. Ses armes. ℟. Monogr. (10896). Oct. C. TB. — Ens. 2 p.

2235 **Lot** de refrappes (10873, 75, 91, 95, 98). Arg. 1 p. C. 4 p.

Languedoc.

2236 **Etats**. Buste de Louis XIV. ℟. Ecu du Languedoc. s. d. (10902). Arg. TB.

2237 Tête laurée, 1659. ℟. Même type (10904). Arg. TB.

2238 Navire, 1634. Buste, 1651. ℟. Ecu. Autre, 1659. Buste. ℟. Ecu, 1667. Buste. ℟. Neptune, 1678. Statue équestre. ℟. du précédent (10900, 1, 5 à 8). C. 6 p. AB. et B.

2239 Tête à dr. ℟. La Santé, 1687. (10911). C. TB.

2240 — 1691. Ecu du Languedoc (10914). Arg. B.

2241 — S. d. FIDELIS SEMPERQVE PARATA. Pallas; à l'ex. OCCITANIA. (10918). Arg. TB.

2242 — Même p. Autres, 1698 (10915 à 17, 19 à 23). C. 8 p. B.

2243 — 1700. La Province assise. 1705. Type analogue (10924, 28). Arg. 2 p. AB.

2244 — 1703. Ecu de Languedoc (10926). Arg. B.

2245 — Même p. 1700. Autres, 1701, 4, 5. (10924 a, 25, 27, 28 a). C. 4 p.

2246 — 1707; 1713. Même type. (10929, 31). Arg. 2 p. B.

2247 — 1709. Même type (10930). C. TB.

2248 Tête de Louis XV. ℟. Lis, 1716 (10935). Arg. TB.
2249 Statue équestre de Louis XIV. ℟. La France debout, 1717. (10934). Arg. TB.
2250 Buste de Louis XV ; dessous COM. OCCIT. 1718. ℟. Tête du régent (10937). Arg. TB.
2251 — Même p. et var. Buste de Louis XV. ℟. Ecu, 1719. C. Autre. ℟. Ruche, 1720. Arg. et C. (10938 à 42). Arg. 1 p. C. 4 p.
2252 — 1721. Soleil sur la mer (10944). Arg. B.
2253 Bustes affrontés de Louis XV et de Marie Anne Victoire d'Espagne. ℟. Renommée, 1722. (10946). Arg. TB.
2254 Buste à dr. ℟. 1723. Le couronnement (10948). Arg. TB.
2255 — 1728. Minerve et Mars près d'un laurier soutenant cinq écus (10953). Arg. TB.
2256 — Variété ; buste signé D. V. (10954). Arg. TB.
2257 — 1729. Amour tenant l'écu (10955). Arg. TB.
2258 Bustes accolés. ℟. La France tenant le dauphin sur ses genoux, 1730. (10957). Arg. TB.
2259 Buste à dr. ℟. L'Histoire, 1731. (Non décrit). Arg. TB.
2260 — 1732. Minerve (10958). Arg. B.
2261 — 1735. Ecu de Languedoc (10960). Arg. TB.
2262 — 1736. Amour. 1737. Iris. (10962, 63). Arg. 2 p. TB.
2263 — 1738. La Renommée (10964). Arg. TB.
2264 — S. d. (1739). Génies sur un nuage soutenant l'écu (10967). Arg. TB. *Pl. XVI.*
2265 — 1742. Ecu (10969). Arg. TB.
2266 — 1743. L'Histoire (10970). Arg. B.
2267 — 1744. Minerve (10971). Arg. TB.
2268 — 1746. L'Histoire (10972). Arg. TB.
2269 — 1747. Le pont du Gard (10973). Arg. TB. Très rare.
2270 — 1749. Femme couchée. 1750. La Paix (10975, 76). Arg. 2 p. B. et TB.
2271 — 1752. Séance des Etats. (10978). Arg. FDC. Refrappe ?
2272 — 1755. Ecu de Languedoc (10979). Arg. TB.
2273 — 1756. Buste n. s. (2 p.) et signé *JCR* liés. ℟. Ecu. (10961, 80, 81). Arg. 3 p. B. et TB.
2274 — 1759, 1760 et sans date. Même type (10982 à 84). Arg. 3 p. TB.
2275 — 1762. Octog. 1765. Amour. (10985, 85a). Arg. 2 p. B. et TB.
2276 — 1767. Ecu de Languedoc (10986). Arg. TB.
2277 — 1768. 1769 ; même type (10987, 88). Arg. 2 p. TB.

2278 — 1770. Même type (10989). Arg. TB.

2279 — 1773. Même type. Buste de Louis XVI. ℟. Ecu. 1776. Autres, 1777, 1780, 1781, 1782. (10990, 93, 95, 97, 99, 11000. (Arg. 6 p. B. et TB.

2280 — 1783. Même type (11001). Arg. TB.

2281 — 1784, 85, 86, 87, 89. (11002, 4 à 6, 10). Arg. 5 p. TB.

2282 Buste à dr. ℟. QUOD ANNO 1787 ARTH. RICH. DILLON ARCH. PRIM. NARB... etc. 1788. (11007, 8). Arg. et C. 2 p. TB.

2283 *Lot* intéréssant de jetons en cuivre des années 1722, 23, 24, 25, 27, 29, 34, 39, 40, 47, 48, 50, 74, 77, 80, 84, 89. (10947, 49 à 52, 56, 59, 66, 68, 74, 74[a], 77, 84[a], 91, 96, 98, 11003, 11). 18 p.

2284 **Toulouse**. *Clergé*. Odet de Coligny-Chatillon. ODDO CARDINALIS DE CASTELLIONE ARCHIEPS THOLO. Ses armes. R. EPISCOPUS ET COMES BELLOVACORVM PAR FRANCIE. Même écu (11017). C. TB.

2285 — Variété, fruste. (11016). Charles de Montchal, 1630, 36, 47 (11018 à 21). C. 6 p.

2286 Montpezat de Carbon. Ses armes. ℟. COMITIA OCCITANIA. Ecu de Languedoc, 1664 (11023). C. TB.

2287 Armes de Cohon. ℟. analogue, s. d. Autre, armes de Bonzi. Armes du cardinal de la Roche-Aymon. ℟. Type du jeton des Etats de 1739. (11024 à 26). C. 3 p. TB.

2288 *Divers*. OB CVRAM PONTIS TOLOSANI. Ecus de France Navarre. ℟. Henri IV sur un pont, 1617. Autre. ℟. Neptune, 1627. (11030, 32). Arg. 2 p. TB.

2289 Société de chirurgie. Amphithéâtre. ℟. REGNANTE LVDOVICO XV. AVXILIIS D. D. DE LA MARTINIERE, etc. 1765 (11036). Arg. TB.

2290 Chambre des francs-fiefs, 1647. C. (11015). Académie, s. d. Clémence Isaure, 1754. Arg. (11033, 34). Jeux floraux. C. 11037[b] RF). — Ens. 4 p. TB.

2291 CVILL[s] ROS ET BOVTONS. Personnage couronné deb. ℟. Croix. Autre SVR MATESTE CHAPEAVD. (11037, 37[a]). Jetons à l'ours, dont un portant un écu fasce chargé de deux besants et en chef deux oiseaux (11038 à 50). C. 16 p. B.

2292 **Villes**. *Montpellier*. Louis XIII recevant les clefs, 1623. Fr. Xavier Bon, 1716. (11053, 54). C. 2 p. TB.

2293 *Tournon*. François de Tournon, archevêque de Lyon. Son buste, 1549. ℟. NONQVE SVPER TERRAM. Ses armes. (11063). C. TB. Rare. *Pl. XVI.*

2294 DE TVRNONE. Armes. ℞. St Julien. B. (11062). *Lodève*. Méréau. Pb. (11066). *Agde*. F. Fouquet, 1652. (11052). *Rieux*. Louis de Ginolhac. Gabriel de Rieux et Suzanne de Boulainvilliers, 1727. (11060 à 61ª). C. 5 p. Pb. 1 p.

2295 *Béziers*. ANTHONIVS DV BOYS EPS BITERREN. Ses armes. ℞. COMES VTRIVSQZ CALVIMONTIS. Mêmes armes. (11065). C. B.

2296 *Leucate*. Extraordinaire des guerres. ℞. Plan du fort, 1638. (11068). Arg. TB.

2297 — Variété (11067). *Saptes*. Manufacture. (11075). *Carcassonne*. Louis Joseph de Grignan, 1718. (11073, 74). C. 4 p. B. et TB.

2298 *Montauban*. Armes de Verthamon. ℞. Arbre mort et rejeton. (11069). Arg. TB.

2299 — Même p. C. Méréau de mendiant. C. Société des sciences. Arg. et C. (11070, 71ª à 72ᵇ). Arg. 2 p. C. 3 p.

2300 **Personnages**. DOCE ME FACERE VOLVNTATE TVAM. Ecu de Perdrier. ℞. St François. (11078). C. TB. Rare.

2301 — Variétés, frustes. *Alphonse de France*. Méréau gravé en creux. *T. de Bragelonne*, 1562. *Anne de Joyeuse*, 1587. *Raoul Leconte*, 1583, fruste. *Auvellier*, 1712, 2 p. *L. Alex. de Bourbon* et le duc du Maine, 2 p. (11077, 79 à 81, 85, 91 à 93, 11101, 2). C. 10 p.

2302 *Nicolas Gencian*. Ses armes. ℞. CVNCTA FAVSTISSIMA FAVSTIS. Oiseau sur une colonne entouré de deux cornes d'abondance. (11082). Arg. TB. Rare. *Pl. XVI.*

2303 — Même p. *P. de Chevery*, général des finances. *Louis de Lavalette*, 1597 (11083, 84, 86, 87). C. 4 p. B. et TB.

2304 *Pierre d'Esparbès de Lussan*. F. PIERRE DE SPARVE ˢ LVSSAN. Ses armes. ℞. GRAND PRIEVR DE S. GILLES. Croix de Malte. (11088). Arg. TB. Très rare. *Pl. XVI.*

2305 *Crussol*, duc d'Uzès. Ses armes. ℞. La Religion. *Bédos*. Ses armes. R. Statue équestre, 1699. *Ph. Emm. de Crussol* et Marie-Ant. d'Estaing, 1715. *Marie Roger de Langeac* et sa femme de Montpéroux. *Gaspard Joseph de Maniban*, 1721. (11096 à 11100). C. 5 p. B. et TB.

2306 *Boumis de Lamoisson*. Ses armes. ℞. Monogr. (11108). Oct. Arg. TB.

2307 *Louis Henri de Narbonne-Pelet*. Ses armes. ℞. LOUIS HENRI MARQUIS DE NARBONNE PELET LIEUTENANT GÉNÉRAL DES ARMEES DU ROI. (11109). Oct. Arg. TB.

2308 *Fléchier, Cardinal d'Ossat, J. de Tourreil, André Dacier, Cte de Lautrec, Cardinal de Fleury* par Dassier. (11055, 89, 90, 94, 95; 11103 à 6). Arg. 3 p. C. 6 p. TB.

2309 **Lot** de jetons et refrappes (10899, 99 [a]; 10909, 10, 12, 13, 32, 33, 36, 43, 45, 65, 74[b], 92, 94; 11009, 12, 13, 22, 27 à 29, 31, 35, 64, 64[a], 71, 73[a], 76; 11107, 10). C. 26 p. Et. 5 p. B. et TB.

Dauphiné

2310 **Dauphins et dauphines.** K entre deux lis. ℞. Dauphin. Pb. *François I.* Ses armes. ℞. Ecu d'Henri d'Orléans C. 2 p. (11111 à 13). — Ens. 3 p. B.

2311 *François II.* Ecu écartelé. ℞. Lis entre le soleil et la lune, 1547. Autres, 1552, 54, 55 et s. d. Autel, 1555. Globes, s. d. (11114 à 21). C. 8 p. B. et TB.

2312 *Louis III.* Types divers (11122 à 41). Arg. 3 p. C. 17 p. Quelques refrappes.

2313 *Louis IV.* Tête de Louis XIII, 1642. ℞. Dauphin autour d'une ancre, 1641 (11149). Arg. TB.

2314 Jetons divers. C. Anne d'Autriche, ℞. Dauphin, 1639. Arg. (11142, 44 à 48, 50 à 60). *Louis V.* Buste de Louis XIV. ℞. Le grand dauphin et ses enfants. Arg. et C. Divers. C. (11162 à 76). Arg. 2 p. C. 30 p.

2315 *Anne Marie Christine de Bavière.* Buste à dr. ℞. Aigle et aiglon, 1683. Autres; oranger, 1686; laurier, 1689; étoile sur un paysage et trois couronnes. (11182, 84, 87, 88). Arg. 4 p. B. et TB.

2316 — Couronne dans le ciel, 1681; oranger, 1682. Arg. Même p. C. Autres, s. d. (11177 à 81, 90, 91). Arg. 2 p. C. 6 p.

2317 *Louis VI.* Son buste. ℞. IETTON DE MONSEIGNEUR LE DAUPHIN. (11198). C. *Marie Adelaïde de Savoie.* Son buste. ℞. Couronne, 1712. (11199 à 11201). Arg. 1 p. C. 3 p. TB.

2318 *Marie Thérèse d'Espagne.* Buste à g. ℞. Deux lis, 1746. Arg. et C. Médaille au buste de Louis XV pour le mariage, 1740. Arg. 38 %. (11203[a] à 205). 3 p. TB.

2319 *Marie Josèphe de Saxe.* Tête à g. ℞. Palmiers, 1748. Autres; arbre fleuri, 1749; char de l'Aurore, 1750 et variété au buste de Louis XV. (11207, 9, 11, 11[a]). Arg. 4 p. TB.

2320 — Char de l'Aurore, 1751. Amour arrosant un arbre, 1752. Rocher, 1753. Miroir, 1754. (11212, 14, 16, 18). Arg. 4 p. TB.

2321 — Soleil et planètes, 1755. Aigle et aiglon, 1756. Lauriers, 1757. Astres, 1758 (11220, 22, 24, 26). Arg. 4 p. TB.

2322 — Mêmes p. C. Médaille de mariage, 1747 au buste de Louis XV. Autre. ℞. Commerce de Toulouse. Arg. 2 p. 29 ‰. (11206, 6 a, 8, 10, 13, 15, 17, 19, 21, 23, 25, 27). — Ens. Arg. 2 p. C. 10 p. B. et TB.

2323 *Marie-Antoinette*. Ecus accolés. ℞. JETTONS DE MADAME LA DAUPHINE 1770. (11233). Oct. Arg. TB. Rare.

2324 — Même p. C. Mariage à Vienne, 1770. Naissance du dauphin, 1781, 36 ‰. Arg. (11230, 31, 34, 35). 4 p. B. et TB.

2325 *Trésoriers, chambre des comptes, jetons banaux*. (11236 à 11372). C. 141 p. Et. 2 p.

2326 **Vienne**. *St Maurice*. Chanoines à cheval (11373 à 75). C. 3 p. AB. et B.

2327 Chanoines debout, s. d., 1539. Buste du Saint, s. d. 1539, 1597. Chapelains, 1597, s. d. (11376 à 85). C. 8 p. AB. et B.

2328 *St Sevère*. 1524 et méreau contremarqué, 1570. *St Pierre*, s. d. *St Chef*. 1558. *Pierre Palmier*, archevêque. (11386 à 92). C. 9 p.

2329 **Personnages**. Ecus accolés. ℞. FRAN. COMES DE MONTEYNARD & HENR LUC MAGD DE BASCHI 1763 (11400). Oct. Arg. TB.
Pl. XVI.

2330 Armes de *Genton* et de Thoisy. ℞. Monogr. Oct. *Guillaume Farel*, par Dassier. *Henri d'Altessan*, 1565. *Laurent Prunier* et Marg. de Pomponne. *Arthur Prunier*. *Richard de la Barrolière*, 1626. *De Lionne* et Beatrice Robert, 1660. (11395 à 99). C. 7 p.

2331 **Lot** de jetons et refrappes. (11143, 61, 83, 85, 86, 89, 92 à 97, 11202, 3, 3 b, 28, 29, 32, 11393, 94). Arg. 2 p. C. 17 p. Et. 1 p. B. et TB.

2332 **Principauté d'Orange**. *Guillaume I*, 1556. C. *Maurice*. Buste de face, 1601. Arg. et C. Buste à dr. C. (11402 à 5). Arg. 1 p. C. 3 p.

Comtat Venaisin

2333 **Avignon**. SIGNVM AVENE. Main tenant une crosse. ℞. CAPITVLVM... Crosse. (10805). C. B.

2334 CATH. REG. FRAN. Buste de face. ℞. AVENIO DEDIT. (11406). Arg. TB. Rare. *Pl. XVI.*

2335 Tête laurée de Charles IX. ℟. AVENIONIS MVNVS. Vue de la ville (11407). Arg. B. Rare.

2336 Bustes affrontés des ducs de Bourgogne et de Berri, 1701. Arg. 2 p. *Serbelloni*, s. d. *Jean Forbin*, 1663. *Cardinal Chisi*, 1664. Teston de *Clément XII;* COMMODITAS VIARVM REDVX, 1736, petit écusson de Mons. Casoni. Arg. (11410 à 14). Arg. 3 p. C. 4 p. B. et TB.

2337 *Chambre de commerce.* Buste de Bonaparte. ℟. Inscription, an XI (11415). Arg. TB. Rare.

Provence

2338 **Aix**. CORDE ET ANIMO. Armes de P. Filioli, archevêque. ℟. Saint debout (11416). C. B.

2339 **Tarascon**. La tarasque ? C. (11417 à 18 a). QIAGIES E QONTONIE. T. Ecu de France accosté de deux lis. ℟. LESES QASE LES MONVOIÊS. Lis, marteaux, tarasque et R. F. K. Billon. (11419). — Ens. 7 p. B. et TB.

2340 **Marseille**. AVE MARIA CRACIA PLE. Armes de Marseille. ℟. Croix. *T. Serra.* Ses armes. ℟. Neptune. (11422, 23). C. 2 p. AB. et B.

2341 *Canal de Provence.* Tête de Louis XV. Phénix, 1767. (11424). Oct. Arg. FDC.

2342 *Chambre du commerce.* Buste de Louis XVI à dr. par N. GAT. ℟. Le port, 1775. (11426). Oct. Arg. TB.

2343 *Commerce* avec l'Afrique, 1774. Visite sanitaire, 1775. (11425, 27). Oct. Arg. 2 p. TB.

2344 **Personnages**. Ecu du comte de Provence. ℟. JETTON DE MONSEIGNEUR LE COMTE DE PROVENCE 1771. (11428). Oct. Arg. TB.

2345 — Même p. Buste à g. ℟. Armes de Provence (11429, 31, 32). C. 3 p. MONSIEVR FRERE DU ROI. Buste à g. ℟. analogue. Arg. (11432 b). — Ens. 4 p.

2346 Ecus accolés de Provence et de Savoie. ℟. JETTON DE MADAME LA COMTESSE DE PROVENCE 1771. (11430). Oct. Arg. TB. Rare.

2347 Buste à dr. ℟. Mêmes armes (11433 à 34 a). Arg. 1 p. C. 2 p. Refrappes anciennes ? TB. et FDC.

2348 *Paul de Giranton*, 1583. *G. de Sève*, 1608. *Esprit de Remond*, 1642. *Guillaume de Raousset* et Anne de Vintimille d'Olioules, 1700. (11437, 38, 40 à 41 a, 44). C. 6 p.

2349 *De Lombard et d'Anglure.* Ecus accolés. ℟. 1692. Ecu écartelé (11443). Arg. TB. Rare. *Pl. XVI.*

2350 *De Valbelle.* Ecu. ℟. La Fortune, 1719, 1723 et s. d. Autre, écus accolés, 1723. (11445 à 50). C. 6 p. B. et TB.

2351 *De Villars.* Ses armes. ℟. JETTON DE M. LE DUC DE VILLARS-BRANCAS 1733. (11452). Oct. C. TB.

2352 *Godeau, de Peiresc, Gassendi* par Dassier (11421, 39, 39 a, 42, 42 a). Arg. 2 p. C. 3 p. TB.

2353 **Etats.** TRESORIERS DES ETATS DE PROVENCE. Lis sous un lambel. ℟. Compas. 1713. (11457 b). C. TB.

2354 **Lot** de jetons et refrappes (11408, 9, 20, 25 a, 26 a, 27 a, 32 a, 32 c, 32 d, 35, 36, 51, 53 à 57 a). Arg. 2 p. C. 7 p. Et. 8 p. B. et TB.

Savoie, etc.

2355 CAROLVS EM. P. PED. Buste à g. ℟. LAVI ET VIDI 1567. Fonts baptismaux et colombe. (11464). Arg. TB. Rare. *Pl. XVI.*

2356 F. DE. RACONIS MILITIE QVESTOR. Ses armes. ℟. Cavaliers M. D. L. X. (11470). Arg. B. Rare. *Pl. XVI.*

2357 Jetons à l'écu de Savoie. *Ch. Emm. Philibert*, 1565. *Marguerite*, sœur du roi et Cl. Merguin. (11458 a à 63). C. 8 p.

2358 *Charles Emmanuel II* et III. Arg. et C. *Divers.* Jetons frustes, refrappes, etc. (11465 à 69, 71 à 75).

2359 **Genevois.** I. B. COSTA COMTE DU VILLARDS. Ses armes. ℟. Soleil et foudre sur un jardin. (11458). C. TB.

2360 **Ile d'Elbe.** Conseil du roi, 1647. (11476). Arg. TB.

2361 — Même p. Refr. C. **Port-Mahon.** Tête de Louis XV. ℟. Wesel, Oswego, Port-Mahon. Arg. **Gibraltar.** 1783. C. 2 p. (11477 à 79). Arg. 1 p. C. 3 p. TB.

MÉDAILLIER

2362 *Médaillier* en acajou, 50 tiroirs de 0.45 × 0.32. Hauteur : 1.15 ; largeur : 0.59 ; profondeur : 0.34. Le dessus forme pupitre. Ce meuble ferme à clef; il est garni des petits carrés en carton où logeaient les jetons.

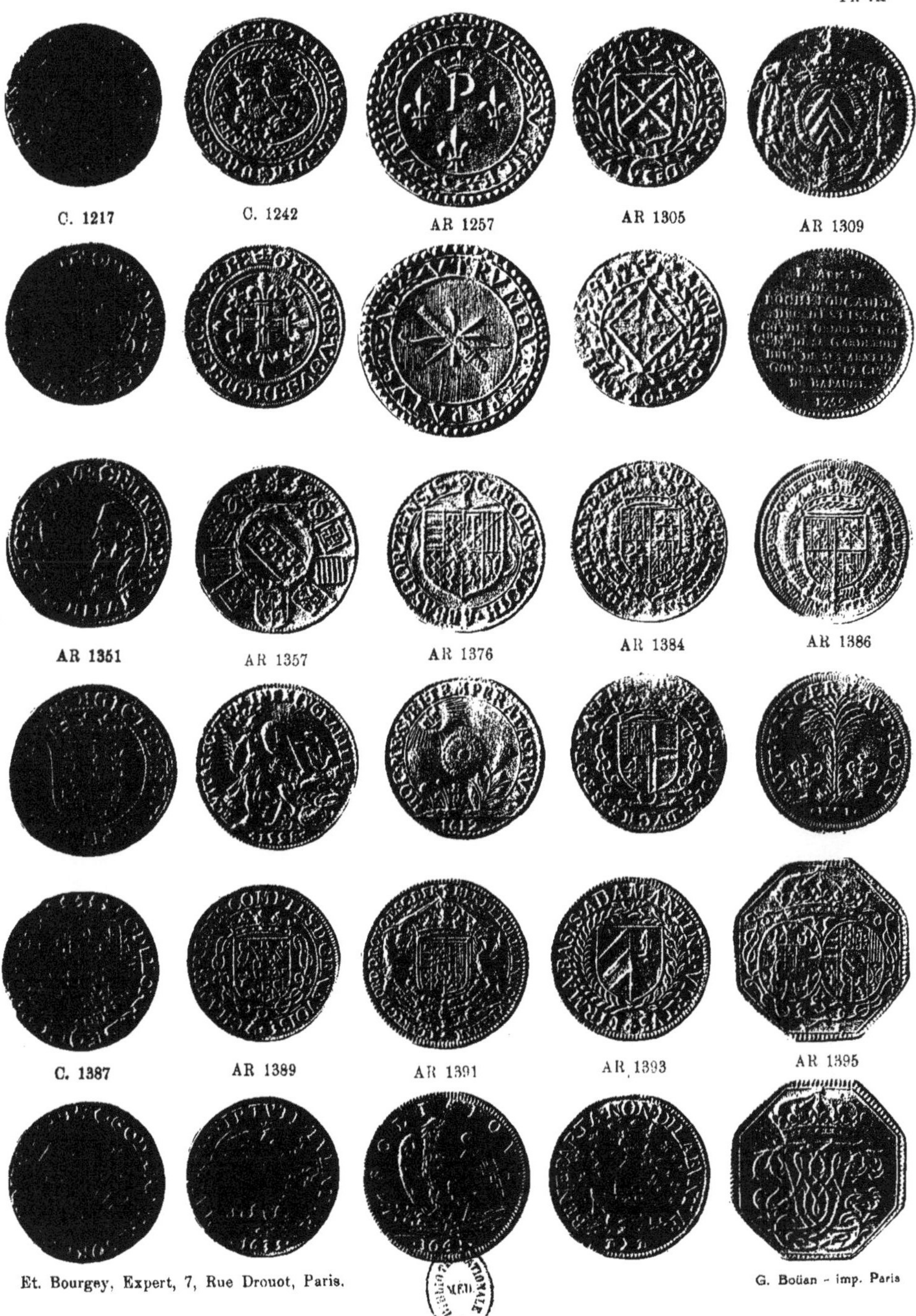

C. 1217 C. 1242 AR 1257 AR 1305 AR 1309

AR 1351 AR 1357 AR 1376 AR 1384 AR 1386

C. 1387 AR 1389 AR 1391 AR 1393 AR 1395

Et. Bourgey, Expert, 7, Rue Drouot, Paris.

G. Boüan - imp. Paris

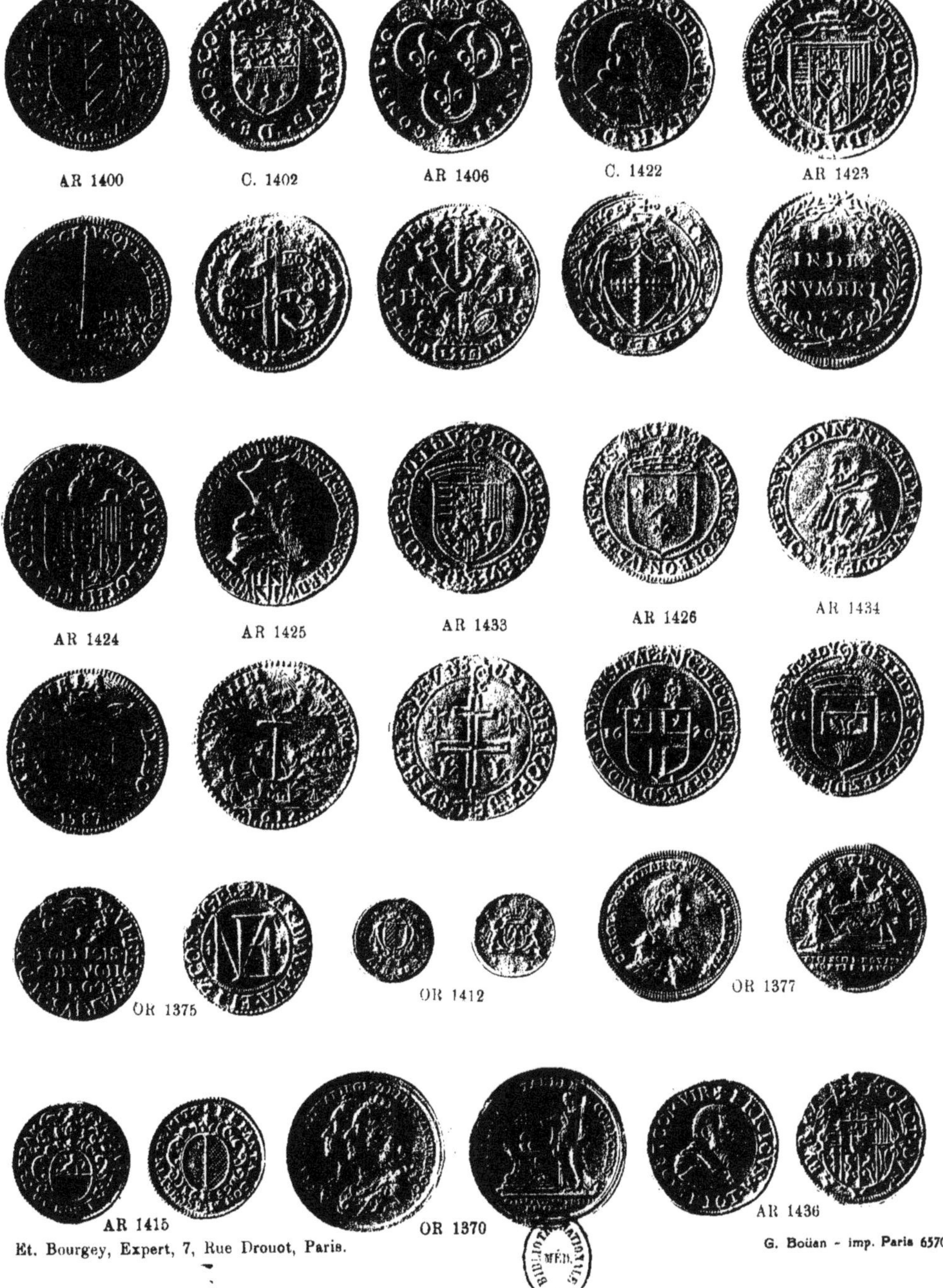

AR 1400 C. 1402 AR 1406 C. 1422 AR 1423

AR 1424 AR 1425 AR 1433 AR 1426 AR 1434

OR 1375 OR 1412 OR 1377

AR 1415 OR 1370 AR 1436

Et. Bourgey, Expert, 7, Rue Drouot, Paris.

G. Boüan - imp. Paris 6570

AR 1451 — AR 1481

OR 1457 — OR 1458 — AR 1482

AR 1460 — C. 1495 — AR 1496 — AR 1499 — AR 1506

AR 1519 — AR 1537 — AR 1540 — AR 1561 — C. 1563

Et. Bourgey, Expert, 7, Rue Drouot, Paris.

G. Boüan - imp. Paris

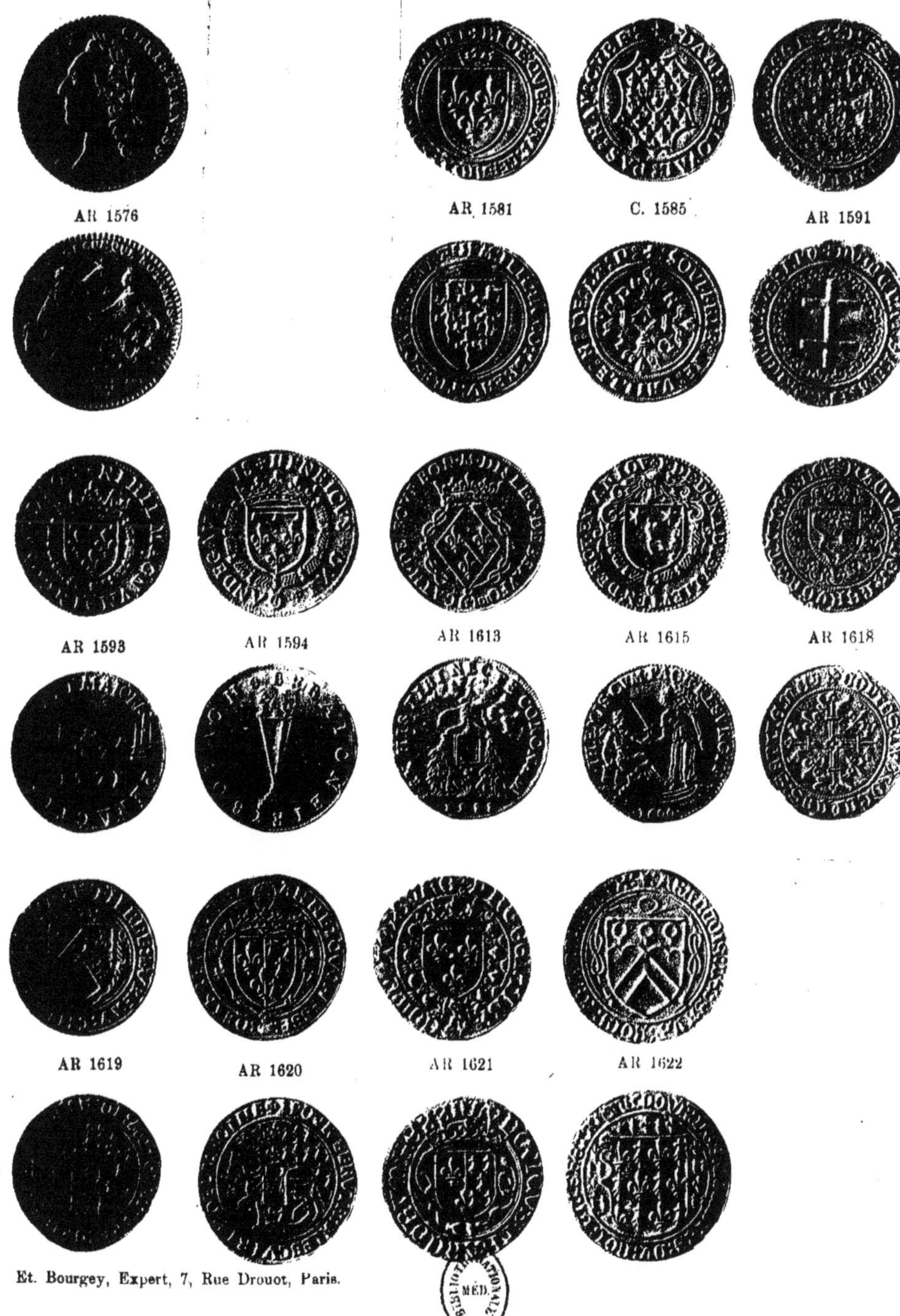

AR 1576
AR 1581
C. 1585
AR 1591
AR 1593
AR 1594
AR 1613
AR 1615
AR 1618
AR 1619
AR 1620
AR 1621
AR 1622

Et. Bourgey, Expert, 7, Rue Drouot, Paris.

C. 1635 AR 1642 AR 1643

AR 1778

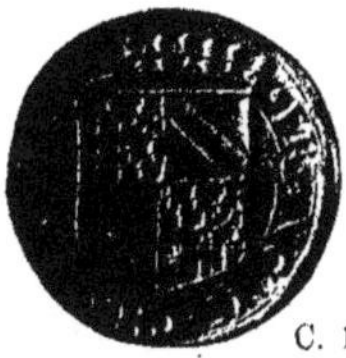

C. 1723

AR 1718

AR 1740  AR 1741  AR 1772  AR 1774

Et. Bourgey, Expert

G. Boüan - imp. Paris

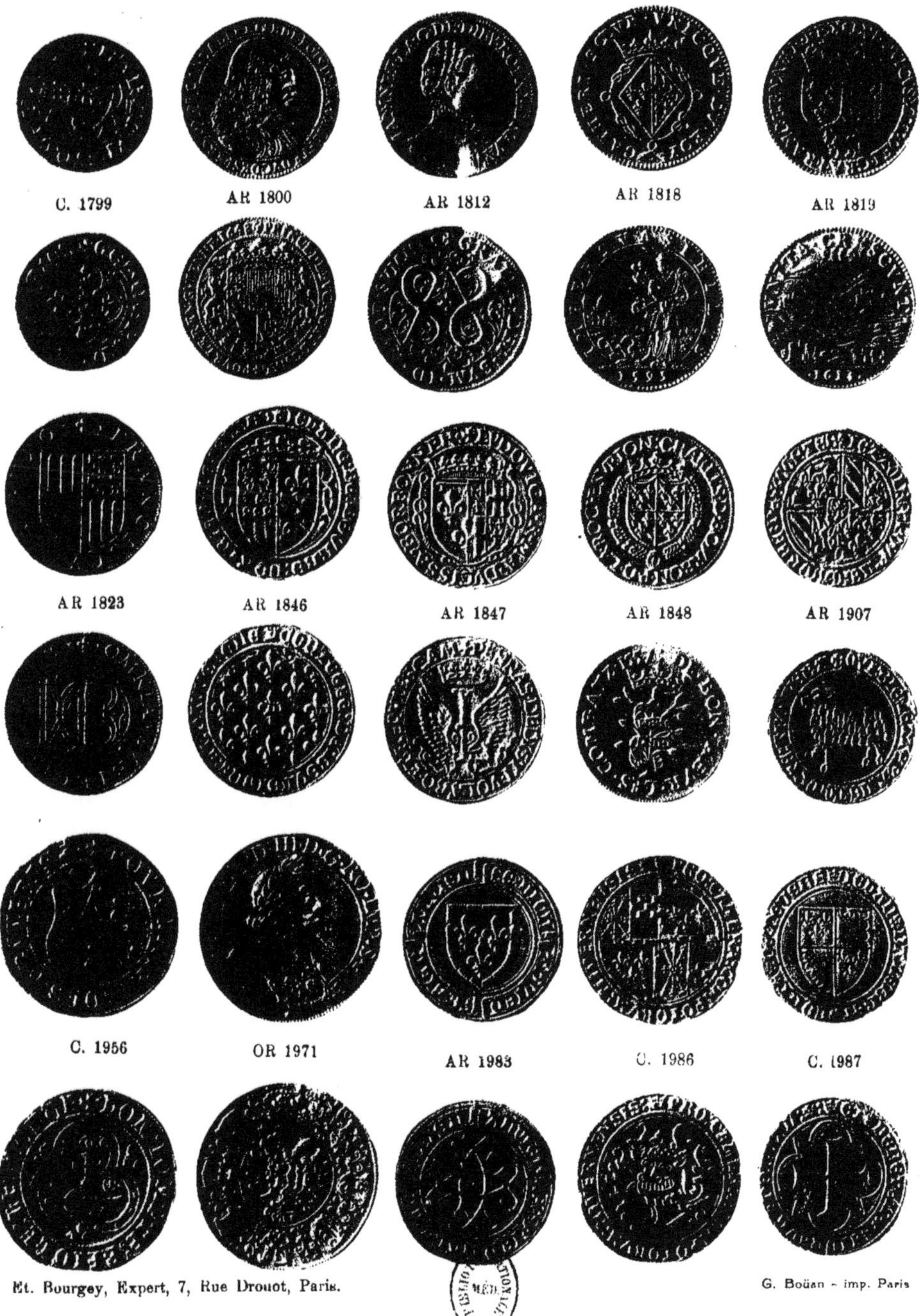

C. 1799 — AR 1800 — AR 1812 — AR 1818 — AR 1819

AR 1823 — AR 1846 — AR 1847 — AR 1848 — AR 1907

C. 1956 — OR 1971 — AR 1983 — C. 1986 — C. 1987

Et. Bourgey, Expert, 7, Rue Drouot, Paris.

G. Boüan - imp. Paris

C. 1988 AR 2014 AR 2026

C. 2041 C. 2047 AR 2061

AR 2064 AR 2103 AR 2108

AR 2110 AR 2123

AR 2145 AR 2155 C. 2156

Et. Bourgey, Expert, 7, Rue Drouot, Paris.

G. Bouan - imp. Paris

PL. XVI

Et. Bourgey, Expert, 7, Rue Drouot, Paris

G. Boüan - imp. Paris